168 STORIES
个故事系列

智慧成长故事 完美学习系列

点拨中学生
学习方法
的168个故事

李红莲　周晓明　编

北京出版集团公司
北京教育出版社

图书在版编目（CIP）数据

点拨中学生学习方法的168个故事/李红莲,周晓明编. –北京:北京教育出版社,2006
（智慧成长故事 完美学习系列）
ISBN 978 – 7 –5303 – 5228 – 1

Ⅰ.①点… Ⅱ.①李… ②周… Ⅲ.①学习方法 –青少年读物 Ⅳ.①G791 –49

中国版本图书馆 CIP 数据核字（2006）第 055602 号

智慧成长故事　完美学习系列

点拨中学生学习方法的 168 个故事

DIANBO ZHONGXUESHENG XUEXI FANGFA DE 168 GE GUSHI

李红莲　周晓明　编

*

北京出版集团公司
北京教育出版社　　出版
（北京北三环中路6号）
邮政编码:100120
网址:www.bph.com.cn
北京出版集团公司总发行
全国各地书店经销
三河市嘉科万达彩色印刷有限公司印刷

*

787mm×1092mm　16 开本　印张 13.5　270000 字
2006 年 9 月第 1 版　2016 年 4 月修订　第 10 次印刷
ISBN 978 – 7 –5303 –5228 –1/G · 5147
定价:26.80 元

质量监督电话:(010)62698883　58572750　58572393　　购书电话:(010)58572902

第 **1** 章

成功的真正秘诀是兴趣

第**2**章

有志者事竟成

目 CONTENTS 录

第3章

放宽心态——以纯美的灵魂对待生活

第**4**章

力争上游，效率制胜

第 **5** 章

实践是检验真理的唯一标准

第**6**章

人非生而知之，孰能无惑

第7章

总结是出奇制胜之道

第 1 章
成功的真正秘诀是兴趣

　　著名科学家杨振宁说：成功的真正秘诀是兴趣。我们的先人孔子说：知之者不如好之者，好之者不如乐之者。兴趣犹如一把打开了智慧之门的钥匙。兴趣，使人勤奋忘我，专心致志；兴趣，使人主动进取，一往无前；兴趣，使人才思敏捷，智慧灵悟；兴趣，使人以苦为乐，克难制胜。

小 桥 迷

茅以升是我国著名的桥梁专家、科学家，他一生为国家主持建造了很多座大桥。茅以升小的时候就是一个具有远大抱负的少年。他天性活泼，喜欢观察大自然，神秘莫测的世界使他的头脑里充满了无数个问号。也许你会问：茅以升是怎样走上造桥这条道路的呢？这就得追溯到茅以升小的时候。

原来是一件意外的事件，促使他确立了长大要造桥的志向。

那是1907年端午节，即茅以升11岁的时候。他的家乡举行了盛大的龙船比赛，秦淮河两岸和文德桥上，人山人海，热闹非凡。不幸的是，河上的文德桥由于人多拥挤，年久失修的栏杆断了，桥面横板多处下塌，致使不少人掉进河里，还淹死了好多人。这一重大的塌桥事故，给茅以升留下了极为深刻的印象，并使他从中懂得了桥梁的重要性。他暗下决心："我长大了一定要学会造桥，为大家造最结实的桥！"

从此，茅以升对桥着了迷。只要一遇到桥，便会恋恋不舍地在桥上走来走去，抚摸它的栏杆，久久不愿离去。他是个有心人，凡是看到的桥，总要把桥面、桥墩的大体轮廓画下来；平时读到有关桥的句子或段落，都一一摘录、记载；凡是看到桥的图画，也要细心剪贴下来。就这样，他寻觅着，搜集着，积累起一本本资料，为实现自己的理想奠定了坚实的基础。

茅以升求学的态度是严谨认真的，而且非常的勤奋。在学习期间，他扎扎实实地打好每门功课的基础。此外，还抓紧时间学习外语，阅读外文书籍。五年里，他整理的笔记多达二百多本，近九百万字，堆起来足有两人多高！

凭着小桥迷对桥梁的迷恋与追求和不懈的努力，他成了闻名中外的桥梁专家。

感悟 ganwu

桥梁专家茅以升的成功秘诀在于他找到了自己的"神笔"——把兴趣与勤奋相结合。兴趣之花只有经过勤奋之手的浇灌才能结出丰硕的果实。

条件反射的发现

1849年，巴甫洛夫出生在俄国一个神父家庭，他是俄国著名的生理学家、心理学家、高级神经活动学说的创始人。

巴甫洛夫从小学习就非常认真努力，并迷恋上了生物。他生活的年代正好是生物神经系统研究飞速发展的时期。在上大学时，他就立下了把一生献给生物研究的志向。大学毕业后他又体会到，自己虽然从小就在牢固掌握基础知识上下了很大工夫，但现在要从事生物学研究，掌握的基础知识还是远远不够的。为了弥补自己的不足，充实自己关于人体生理和病理学的知识，巴甫洛夫又到外科医学研究院学习了一年，接着又到国外留学两年。

在大学学习期间，巴甫洛夫实际上就已经开始了对循环生理学、消化生理学和大脑生理学的研究。从国外留学归国之后，他的研究热情更高了。但由于当时的沙皇政府极不关心科学事业，所以巴甫洛夫的研究无人支持，连家庭生活也陷于极度的贫困之中。但是，对科学事业的热爱使他忘记了贫困，忘记了家庭。有一次，他的朋友看到他的日子过得很艰难，就凑了一点钱，嘱咐他给自己和孩子们添置几件过冬的棉衣，可他却把钱拿去买了几只狗。在巴甫洛夫看来，狗更重要，因为狗是他进行实验所不可缺少的。

原来巴甫洛夫在进行一项重要的实验。因为他脑子里冒出一个小问题：唾液是怎样流出来的？于是他决定通过做实验来解决这一问题。朋友们都觉得他的想法很荒谬，劝他不要做这种荒唐的事，但巴甫洛夫并没有退缩，说干就干，他和助手们成立了一个实验室。他捉来一条狗，将狗的六条唾腺中的一条引到外面来，用一个专门的仪器来计算唾液的滴数。当食物在嘴里嚼动时，它就分泌唾液，只不过其中有六分之一没有流到

感悟
ganwu

培根曾说过："知识是一种快乐，而好奇则是知识的萌芽。"巴甫洛夫就因为对常见的小事充满好奇心从而产生兴趣，并追根问底，终于有了惊人的发现。可见好奇心对兴趣的产生有很大的重要性。当同学们做科学实验时，有没有过"异想天开"的时候？把这些"异想天开"记下来，并去实践，你就会发展出新的兴趣及新的思路。

胃肠，而是流到管子里。

这一切布置好后，巴甫洛夫把助手们召集来说："我们今天不只观察狗吃东西时怎样分泌唾液，还要观察它不吃时能不能分泌，在怎样的条件下分泌。就是说，我们是通过狗的唾液来研究一下它的脑子，看看它的神经是怎样活动的。"原来，巴甫洛夫是想举一反三，通过几滴唾液来探究神经活动的奥秘。

他们先是一摇响铃铛，就开始给狗喂食物，这样配合了几十次后，只要铃铛一响，即使不喂食物，狗也会分泌唾液。后来他们又改成电灯一亮就喂食物，接着又换了其他多种信号，但无论哪一种信号，只要重复配合几十次，就都能得到同样的效果。

这证明，动物的每一个微小的器官都是由大脑和神经把它们联系在一起的，外部世界对动物有什么刺激，神经和大脑就会作出反应，再重复刺激，以后动物一遇到相同的条件，就立即有相同的反应。巴甫洛夫将这称为"条件反射"。如果没有这种条件反射能力，动物和人将不能生存。不过人和动物又有不同，动物只会根据具体的条件反射，而人还可以根据语言来反射，这叫"第一信号系统"和"第二信号系统"。

巴甫洛夫公布他的研究成果时，全世界都为之震惊了，人们没想到，小小的唾液也可以有如此重大的发现。这一发现把生物生理学最重要的神经系统研究分支推进到了高级神经活动研究的新阶段。

乒乓球和塑料

现在的塑料制品千千万万，五彩缤纷，是现代生活中必不可少的东西。然而，你知道吗？它的发明却源自一个新乒乓球的征集活动。

19世纪中期，乒乓球运动在美国很受欢迎，那时的乒乓球是橡胶做的，外面包有一层毛线，用起来十分不便。美国制造商费伦和卡兰德想投资乒乓球制造业，他们希望有一种更加理想的乒乓球出现。为此，他们于1863年在美国各大报纸上刊登广告悬赏1万美金，征集更好的乒乓球。1万美金，这在当时是一个相当有诱惑力的数字。很多人马上跃跃欲试，但都失败了。一个名叫海维特的印刷厂工人也被这消息吸引了，他也开始了乒乓球的制作。

一个普通的印刷工人，如何懂得化学制造呢？朋友们都对他表示怀疑，然而他还是要试一试。海维特有一个阅览各种报纸杂志的爱好，尤其对化学，他一直都很留心地去研读，自己经常搞些小发明和小试验。这次，他一边结合平时所学，尝试各种方法进行制造，但都不是很理想，可他从来没有灰心过。

终于，有一天，他在一本化学刊物上了解到有人研制出了一种特殊的棉花——将普通棉花浸在浓硫酸和浓硝酸的混合液中，棉花就出现了新的特性。海维特大受启发，依照这种方法进行试验。一次，他将樟脑放进这种溶液中，不断地搅拌摇晃，渐渐地溶液变得黏稠，最后变成了一团白色柔软的物质。他将其搓成一个圆球，成了乒乓球的样子，待圆球冷却变硬后把它往地上一丢，"乒"的一声竟然弹得老高。海维特大喜，这不就是更好的乒乓球吗？

却说制造商费伦和卡兰德刊登征集广告后，先后收到了许多"乒乓球"，但没有一个是令人满意的。由于在好几年内都没有征得比较理想的乒乓球，他们渐渐地也就把这件事放到脑后了。谁知在征集广告发出6年后的1869年还有人送来新型的乒乓球。起初，他们认为海维特送来的也和以前送来的许多新型"乒乓球"一样不理想，但当他们亲眼看到雪白的小球扔到地上就弹得很高后，十分满意。他们欣然拿出1万美金买下了这项发明。这就是世界上最早的真正意义上的乒乓球。

感悟
ganwu

兴趣是人类创造力的源泉，它强化了海维特对科学的挚爱与追求，引导他冲过浅滩，到达成功的彼岸，可见兴趣的力量是不可估量的，培养自己的兴趣是多么重要。如你可以从自身的性格发现学习的乐趣，在自己喜欢的学科尽力地施展自己的才华，但也不要完全地放弃自己不太感兴趣的科目，不要因为这些科目而影响自己的学业。

由于这种乒乓球的原料来自纤维素，人们称它为赛璐珞，意思是来自纤维素的塑料。这是人类发明史上的第一种塑料。到了20世纪，科学家们在这种塑料的基础上不断地加以改造和创新，终于研究出了现在最常用的塑料——聚乙烯，它给我们的生活带来了极大的方便。这还要多多地感谢海维特那种对科学的兴趣呢！

"准是叫鬼迷了魂"

法布尔出生在法国南部山区的一个小村庄里。村前小溪流水，村外山野树林，风境十分优美。大自然的美深深地吸引了他，他从小就喜欢观察动物，热衷于将山楂树当床，将鳃角金龟放在山楂小床上喂养，他想知道为什么鳃角金龟穿着栗底白点的衣裳；夏日的夜晚他匍匐在荆棘丛旁，伺机逮住田野里的"歌手"，他想知道是谁在荆棘丛里微微鸣唱。昆虫世界是那么奇妙莫测，童年的法布尔总是睁着一双明亮的眼睛，兴奋地注视着虫儿和花草，好奇心唤起了他探求昆虫世界真相的欲望。

在他5岁的时候，一天晚上他和家人在庭院乘凉，突然听见房屋背后、荒草滩里响起一阵"唧——唧唧唧"的虫鸣声，声音清脆好听。是蟋蟀？比蟋蟀的声音小多了。是山雀？山雀不会连续叫个不停，更何况在漆黑的夜晚呢。于是他决定去看看。大人们吓唬他说，有狼，会专门吃小孩子的。小法布尔却毫不胆怯，勇敢地跑到屋后去观察个究竟。结果他发现：发出鸣叫的不是小鸟，而是一种蚂蚱。从此，他对昆虫产生了浓厚的兴趣。

八九岁的时候，父亲叫他去放鸭子。每天早晨，他把鸭子赶进池塘以后，不是在水边东蹦西跑地抓蝌蚪、逮青蛙、捉甲虫，就是蹲下来静静观察奇妙的水底世界：漂亮的螺壳、来回穿梭的游鱼和身上好像披了五彩羽衣的蠕虫……

有一次，在池塘的草丛里，法布尔发现一只全身碧蓝、比樱桃核还要小些的甲虫。他小心翼翼地把它拾起来，放在一个空蜗牛壳里，打算回家再好好欣赏这珍珠一般的宝贝。这一天，他还捡了好多贝壳和彩色的石子，把两个衣袋塞得鼓鼓囊囊的。

夕阳西下的时候，法布尔欢欢喜喜地赶着鸭子，满载而归。一路上，他默默地歌唱，心里甜滋滋的。尽管这歌声里没有字眼儿，可它比有字的还悦耳，比美梦还缥缈，因为它道出了池塘水底的奥秘，赞美那天仙般美丽的甲虫。

法布尔一回家，父亲见到他衣服很脏，还捡一些奇怪的东西回家，便怒气冲冲地吼道："我叫你去放鸭子，你倒好，捡这些没用的玩意儿，快给我扔了！"

"你呀整天不干正经事，将来不会有出息的，你嫌我还不够辛苦吗？"母亲在一旁也厉声地责备说，"捡石子干吗？撑破你的衣袋！老是捉小虫儿，不叫你小手中毒才怪呢！你呀，准是叫鬼迷了魂！"

听了父母严厉的责骂，法布尔难过极了。屈服于压力，他只好恋恋不舍地把心爱的宝贝扔进了垃圾堆。

在扔那个装了小甲虫的蜗牛壳时，他看了又看，好像在说："小甲虫啊，小甲虫，你先在这里委屈一夜，明天早晨我一定把你带走。"

父母的责骂并没有驱散法布尔对昆虫的迷恋之情，强烈的兴趣已经深深扎根在他的心田。以后每次放鸭子，他仍然乐此不疲地干那些"没有出息的事"，背着大人把衣袋装得满满的，躲起来偷偷地玩。

正是这种被"鬼迷了魂"的兴趣，把法布尔引进了科学的殿堂。后人为了纪念法布尔，为他建造了雕像。有趣的是，他的雕像的两个衣袋全都高高鼓起，好像塞满了沉甸甸的东西。

兴趣的长度

1964年，随着一声哇哇啼哭，他出生在希腊风光旖旎的克里特岛。小小年纪的他，总是喜欢拎个竹篮，在离家不远的海滩捡贝壳。

一次，几位外国游客在海边沐浴着夏日的阳光，眺望着远方海滩的美景，突然，他们一齐哈哈大笑。好奇心促使他不由自主地走上前去，原来"小不点儿"不仅仅想凑会儿热闹，更想搞明白他们在说什么。

"小家伙，能送几个贝壳吗?"虽然一个字也没听懂，但他思忖了一会儿，并友好地眨眨眼，乐呵呵地送给游客两枚最漂亮的贝壳。游客们向他竖起了大拇指，并给了他1美元作为酬金。他高兴得手舞足蹈，因为他从内心理解了游客的晦涩的洋文。自此，海滩成了他每天都期待的地方，慢慢地，他也能听懂一些复杂的外语。

一天，他随手从家里拿了本德语教科书，就去了海滩。他完全沉浸在书里，一呆就是一整天! 他回到家时，母亲心急如焚，厉声呵斥他:"上哪儿了?""在海滩看德语教科书。"将信将疑的母亲决定考考他。让母亲又惊又喜的是，他竟然进出了几句拗口的德语，并且，还信誓旦旦地跟母亲说:"从明天开始，我要天天去跟游客学外语……"

孰料到了晚上，他躺在床上无法入睡，痛得嗷嗷大叫。因为一整天的曝晒，让他柔弱的皮肤严重受伤，他不经意地冒出一句:"学语言这么辛苦，明天不去海滩了……"

母亲眉头一皱，顿生一计，郑重其事地说:"你不想去海滩，妈妈不反对，你可以在家休息一天、一周、一月、一年……但如果你想学更多的语言，就必须坚持……"

幸运的是，他明白了妈妈的用意。第二天，天刚蒙蒙亮，

他悄悄起床，偷偷一个人又来到了那片熟悉的海滩……

自此，他的兴趣一发不可收拾：读高中的时候，他已经熟练掌握了英语、意大利语……

功夫不负有心人。1994年，他被欧洲议会聘为翻译，在比利时首都布鲁塞尔任职。接下来的几年，大多数来欧洲议会演讲的国家元首都是由他担任翻译。

他就是欧洲议会里名副其实的明星翻译家伊科诺姆。

他成了欧洲议会里的传奇人物后，总会被蜂拥而来的记者追问："是什么秘诀让您精通世界上的42种语言？"

对此，他总会提及儿时捡贝壳的往事，然后微笑着说："我始终坚持自己对语言的兴趣，全身心深入地去理解外国文化，也就一路走到了今天……"

· 孔 子 学 琴 ·

大教育家孔子不但是一位学问家，还是一位音乐家呢！他不但会唱歌，而且会弹琴作曲。

孔子曾跟师襄学琴，某天师襄教给他一首曲子，让他自己练习。他足足练了十来天，仍然没有停下来的意思，师襄忍不住了，说："你可以换个曲子练练了。"孔子答道："我虽然已熟悉它的曲调，但还没有摸到它的规律。"过了一段时间，师襄又说："你已摸到它的规律了，可以换个曲子练了。"不料孔子回答："我还没有领悟到它的音乐形象呢。"如此又过了一段时间，师襄发现孔子神情庄重，四体通泰，好像变了个人一样。这次不待师襄发问，孔子就先说道："我已体会到音乐形象了，黑黝黝的，个儿高高的，目光深远，似有王者气概，这个人就是文王啊。"师襄听罢，大吃一惊，因为此曲正好名叫《文王操》，而他事先并未对孔子讲过。

孔子也可说是一流的音乐鉴赏家，《韶》相传是尧舜时的乐曲，孔子在鲁国一直没有机会听，后在齐国的某次宫廷宴乐中终于欣赏到了，孔子完全被这庄严肃穆的音乐迷倒了，以至于三个月都不知道肉味。

·他终于得到了《算术》·

1711年11月19日，米华·罗蒙诺索夫出生在俄国的一个贫苦渔民家庭里，由于父亲、祖辈都以打鱼为生，他在少年时代就学会了划船，形成了吃苦耐劳、顽强坚毅的性格，他经常独自划船过海到对岸镇上去购买各种物品。

10岁时，父亲就要求小罗蒙诺索夫和他一起出海捕鱼，海上捕鱼的活儿是很苦的。他既要帮父亲下网、收网，同时还要捡鱼，把鱼一条条剖开，撒上盐放进木桶里……正是这些活儿锻炼了他在困难面前不低头的顽强意志。

小罗蒙诺索夫除帮父亲打鱼外，还要学习认字。当时的俄国非常落后，除神父和教士外，识字的人就寥寥无几了。罗蒙诺索夫少年时就酷爱读书，他利用一切机会来学习，但是由于家贫，直到十几岁时，他也只读过一本《圣经》，所以，他经常向往着能得到一本科学书。

在罗蒙诺索夫十五六岁的时候，有一天，父亲带他到杜金家相亲。一进杜金家，他就被书架上的一本包含有各种科学知识的书——《算术》吸引住了，而对相亲姑娘的模样，却全然没有在意。他贪婪地翻阅着，书中描写的风暴、月亮和海潮等神奇的自然现象，顿时占据了他整个身心。强烈的求知欲，使他下定决心不惜一切要把《算术》书弄到手。

临别时，罗蒙诺索夫开门见山地问杜金兄弟："我愿意拿出我全部喜爱的东西：新鹿皮大衣和各种美丽的贝壳……来换《算术》，可以吗？"

"这些东西我们不稀罕。"大杜金歪着脑袋说，"你拿一头

小海象来换还差不多。"

"好，一言为定！"罗蒙诺索夫求书心切，就满口答应了，但他却没有想到眼下还不是逮小海象的时节。

罗蒙诺索夫回家以后，绞尽脑汁想出了一个好办法：用替一个商人白干 40 天活儿的代价，换得一头小海象。于是他马上行动，很幸运很快就找到了活儿，一干就干了 40 天，虽然很辛苦，可是当他拿到小海象把它交给杜金兄弟，从他们手中接过《算术》的时候，心里像喝了蜜一样甜，他觉得这一个多月来受的苦完全值得。

可是，没几天，杜金兄弟来找罗蒙诺索夫说："喂，快把《算术》还给我们！"

"怎么回事？"罗蒙诺索夫不解地问，"不是说定了，我把小海象给你们，这本书就属于我了吗？"

"可是小海象已经死了，"大杜金把双手一摊说，"一头死象怎么能抵一本书呢？"

"再说这本书是我爸爸的，"小杜金帮腔说，"我们做不了主啊！"

"那……"这突如其来的情况，使罗蒙诺索夫不知所措，但是他坚守一条：说什么也不能给书！

僵持片刻，杜金兄弟看到要书不成，就商量出一个捉弄人的花招。

"你一定要书也可以，但是必须答应我们提出的一个条件——"大杜金拉长腔调说。

"什么条件？"罗蒙诺索夫急切地问。

"条件并不苛刻，"大杜金指着远处暮霭中的小山冈说，"就是看你敢不敢在那个坟地上过一夜。"

罗蒙诺索夫一听，顿时觉得毛骨悚然。因为他多次听大人说过，那个小山冈上埋着一个巫师的尸体，一到深夜，经常闹鬼，吓得连村里胆子最大的人也不敢走近。但是，为了那本心爱的科学书，他毅然回答说："行！"

当天晚上，罗蒙诺索夫手里攥着《算术》，昂首挺胸地向坟地走去。深夜的坟地一片漆黑，万籁俱寂。他一动不动地平躺在坟地上，仰望着满天繁星，虽然恐惧万分，但想着《算术》的内容，硬是在坟地过了一夜。就这样，罗蒙诺索夫终于得到了使他获得广博知识的入门书——《算术》。

一个流浪歌手的遗嘱

"做自己喜欢做的事，想办法从中赚到钱。"这是很多美国人都信奉的生活信条，这两点总结源于一个神父的切身感悟。

汉德·泰莱是纽约曼哈顿区的一位神父。一天一位病人生命垂危，他被请过去主持临终前的忏悔仪式。他到医院后听到了这样一段话："仁慈的上帝！我喜欢唱歌，音乐是我的生命，我的愿望是唱遍美国。作为一名黑人，我实现了这个愿望，我没有什么要忏悔的，现在我只想说，感谢您，您让我愉快地度过了一生，并让我用歌声养活了我的六个孩子。现在我的生命就要结束了，但死而无憾。仁慈的神父，现在我只想请您转告我的孩子，让他们做自己喜欢做的事吧，他们的父亲会为他们骄傲的。"

这是一个流浪歌手的最后遗嘱，临终时说出的这番话，让神父感到非常吃惊，因为这名黑人歌手的所有家当，就是一把吉他。他的工作是，每到一处，就把头上的帽子放在地上，开始唱歌。40年来，他如痴如醉，用他苍凉的西部歌曲，感染他的听众，从而换取那份他应得的报酬。

黑人的话让神父想起很多年前曾主持过的一次临终忏悔仪式。那是位富翁，住在里士本区，他的忏悔竟然和这位黑人流浪汉差不多。他对神父说："我喜欢赛车，我从小研究它们、改进它们、经营它们，一辈子都没离开过它们。这种爱好与工

感悟
gɑnwu

如果我们喜欢做某一件事（必须是积极的），那就去做，那样我们的人生就会充满乐趣。学习亦如此，既然我们要学习就学着自我寻找学习的乐趣，比如在学习前激励自己，在不想学习、不感兴趣时，回忆自己学习上的优点，等等，以此来培养自己的学习兴趣。

作难分、闲暇与兴趣结合的生活，让我非常满意，并且从中还赚了大笔的钱，我没有什么要忏悔的。"

白天的经历和对那位富翁的回忆，让泰莱神父陷入思索。当晚，他给报社写了一封信，信里写道："人应该怎样度过自己的一生才不会留下悔恨呢？我想也许做到两条就够了：第一条，做自己喜欢做的事；第二条，想办法从中赚到钱。""做自己喜欢做的事；想办法从中赚到钱。"人生如此，也没什么好后悔的了。

聪明的阿凡提

阿凡提是一个很聪明的人，他多才多艺。一次他外出旅行回来时走在大街上，见乡亲们的头发、胡须长得长长的，一问得知，原来这里唯一的一位老理发匠去世了，人们无处去理发。

为了给乡亲们解决理发的困难，阿凡提在街旁开起了理发店，当起了理发匠。虽然他不把钱看在眼里，但由于他不仅理得好，而且服务热情，人们总是自觉地给他留下钱。

一位啬出奇的大阿訇常找阿凡提理发，但每次理完后分文不付，只对阿凡提说："我每天为你祈祷，祝愿你长命百岁。"说完就走。一天，他又请阿凡提理发。阿凡提满脸堆笑地接待了他。按大阿訇的要求，阿凡提先给他剃光了头。当给大阿訇刮脸的时候，阿凡提有意问道："大阿訇，你的眉毛要不要？"

"当然要，这还用问！"大阿訇说。

阿凡提嗖嗖几剃刀，就把大阿訇的两道眉毛刮下来抓在了手里，高声说："这很好办，要就给你！"说着递到了大阿訇的手里。

大阿訇一看，气得说不出话来。是呀，谁叫自己说

"要"呢?

"大阿訇呀,再问问你,胡子要不要?"阿凡提又问道。"不要! 不要!"大阿訇这次接受了教训,赶忙说。

阿凡提一边挥动剃刀嗖嗖地刮着,一边说:"好吧,不要就给你刮掉吧!"几刀刮完,顺手将大阿訇的胡子甩在了地上。

这一下,把大阿訇气得浑身哆嗦。他走到镜子前一看,自己的脑袋和脸被刮得精光光的,活像个圆溜溜的鸭蛋。他转过身来,直对着阿凡提瞪眼。

阿凡提笑着解释说:"大阿訇,我这可是问过你之后,遵照你的吩咐做的呀!"

· 化学家戴维的故事 ·

汉弗莱·戴维于1778年12月17日出生在美国一个贫穷的家庭里,他的母亲抚养着5个小孩过着艰难的日子。

戴维从小就很聪明,总想着探讨、侦察点什么新鲜的东西。小时候老师经常夸奖他天赋高,学习勤奋。读完小学后,父亲送他到彭赞斯读书,寄住到了约翰·汤金外祖父家里。城里的新鲜事吸引了他,特别是药剂师们配制药物时物质的各种奇异变化。此后,他常常一个人偷偷地躲进顶楼,用碗、杯和碟做器具,学着做起实验来。一次,他险些把楼给点着了,事后遭到外祖父的责骂,但这丝毫也没有减弱他对化学实验的兴趣。他希望自己有一天也能有自己的实验室,做各种各样的实验。

父亲的突然逝世,破坏了他美好的梦想。少年戴维沉默了。他把自己平时喜欢的化学实验仪器收到一个大柜子里,因为母亲已无法给他支付买化学药品的钱。为了养活5个孩子,她卖掉了小农场,带着戴维的弟弟妹妹也迁居到彭赞斯来了。母亲开了个小小的帽店,但经济上还是不宽裕,因此戴维的前途要慎重考虑，虽未成年但他需要靠自己的劳动来帮助母亲。

母亲知道戴维很喜欢生物，也喜欢化学实验。于是就决定送他到一位叫约翰·博莱斯的先生的药房去工作。博莱斯先生是个好医生，在他那里戴维可以边工作，边学习。戴维很喜欢这个工作，可工作一段时间后，他才发现，自己的知识太浅薄了，于是开始勤奋学习。他抓紧工作的空隙，认真阅读前辈化学家的著作。通过学习，他做实验的内容和目的明确了，凡是著作中讲过的实验，他尽可能地一一试验。凡是好书他都想办法借到，如饥似渴地阅读。遇到学识渊博者，他就主动求教。恰好此时发明家瓦特的儿子小瓦特来城里考察，小戴维听说后，马上登门求教。小瓦特很喜欢这个聪明好学的年轻人。

经小瓦特介绍，戴维来到一个大城市的气体疗病研究所，当实验室的管理员。戴维对这里有更好的学习和实验机会感到很满意。

不久，好学的戴维自己制取了一种叫"笑气"的气体，有人认为它是一种有毒的气体，但院长认为它能治病。戴维决心亲自试验一下，许多朋友都劝他，认为这样做太危险了，但戴维还是亲自吸入了这种气体。醒来后，他觉得很难受，通过亲身的体会，他知道这种气体显然不能过量地吸入体内，但少量的可用在外科手术中做麻醉剂。随后，他将这次试验的过程和亲身的感受，还有笑气的性质写成小册子。许多人读了小册子后，为戴维的介绍所吸引，好奇地以吸入笑气为时髦。戴维的名声就随着笑气而宣扬开了，许多人争先恐后地来结识戴维。此时他仅22岁。

没有人想到，一直没有受到过正规教育的戴维，成功地发现笑气，以及后来成为举世闻名的化学家，这都是源自他对化学超乎寻常的兴趣和勤奋地自学。

钥匙的秘密

任何时候，财富都不能放在做人的首位，世界上没有永恒的财富，但是却有永恒的兴趣，就像盖茨在回函上所说的——在你最感兴趣的事物上，隐藏着你人生的秘密。有了兴趣，你就有可能也拥有财富、幸福、荣誉和成功。

曾经，美国的一所中学在入学考试时出了这么一个题目：比尔·盖茨的办公桌上有五只带锁的抽屉，分别贴着财富、兴趣、幸福、荣誉、成功五个标签，盖茨总是只带一把钥匙，而把其他四把钥匙锁在抽屉里，请问盖茨带的是哪一把钥匙？其他四把钥匙被锁在哪一只或哪几只抽屉里？

一位刚移民美国的中国学生，恰巧赶上这场考试，看到这个题目后，他一下慌了手脚，因为他不确定该从哪个方面回答这道题，于是他交了白卷。考试结束后，他去问他的担保人——该校的一名理事。理事告诉他，其实那是一道智能测试题，没有标准答案，每个人都可以根据自己的理解自由地回答，但是老师有权根据学生的观点给学生一个分数。

结果，这位中国学生在这道9分题上得了5分。老师认为，他没答一个字，至少说明他是诚实的，凭这一点应该给他一半以上的分数。让他不能理解的是，他的同桌回答了这个题目，却仅得了1分。而同桌的答案是盖茨带的是财富抽屉上的钥匙，并且其他抽屉的钥匙都被锁在这只抽屉里。

据说，后来有一位聪明的学生进入了这所中学的网站，并且在该网站上发现了比尔·盖茨给该校的回函。函件上写着这么一句话：在你最感兴趣的事物上，隐藏着你人生的秘密。

无理数的功臣

2 500 多年前，古希腊有一位伟大的数学家——毕达哥拉斯。他创立了古希腊数学的"毕达哥拉斯学派"，在数学发展史上留下了光辉的一页。历史上首先发现无理数的著名数学家希巴斯就是毕达哥拉斯的一位学生，他也是毕达哥拉斯学派中杰出的代表人物之一。

"毕达哥拉斯学派"的学员们认为，数是世界的法则，是主宰生死的力量，他们就像崇拜天使一样崇拜数。毕达哥拉斯同时认为，世界上只存在着整数和分数，除此之外，就再也没有什么别的数了。可是，他的一个学生希巴斯，却发现了这样的一种数：他通过勾股定理，发现边长为 1 的正方形，其对角线长度并不是有理数。

毕达哥拉斯知道了学生的这个发现，大惊失色。毕达哥拉斯是一个很爱面子的人，他无法忍受自己的理论将被推翻，于是下令："关于另类数的问题，只能在学派内部研究，一律不得外传，违者必究。"

可希巴斯却忍不住，把自己的发现和别人私下里讨论。这样，这个发现就传了出去。毕达哥拉斯学派的人们大为恼火，决定整治他。希巴斯事先已经得知了消息，抢先一步逃走了，结果还是被追上来的人活捉。最后，希巴斯被毕达哥拉斯学派的人扔进了大海。

希巴斯为宣传科学而献出了宝贵的生命，这在科学史上留下了悲壮的一页。虽然希巴斯被害死了，但是他发现的"新数"却还存在着。后来，人们从他的发现中知道了除去整数和分数之外，世界上还存在着一种"新数"。正方形的对角线和边长的比就是这种"新数"。给这种"新数"起个什么名字呢？当时人们觉得，整数和分数是人们已经习惯的，容易理解，就

把整数和分数合称"有理数",而把希巴斯发现的"新数"起名叫"无理数"。

科学界的"小公主"

　　伊伦是居里夫人的女儿,人称科学界的"小公主"。她小时候好动,有点"野",像个男孩子,有一次还把父母的诺贝尔奖章当做"大金币"玩。当小伊伦长到该上学的年龄时,居里夫人对自己这个不那么文静,不能安安稳稳坐下来读书的小伊伦,还真费了不少心思。

　　居里夫人在伊伦的学习问题上,有着很独特的见解。她始终认为不能用过时的信条和方式学习,主张着重培养伊伦的独立认识和分析问题的能力,以便让她尽可能直观地学习和熟悉各个领域的最新知识。居里夫人常说,伊伦的这个年龄正是长身体、长知识的时期,如果整天封闭在空气污浊的教室里,消耗过多的精力是野蛮的,应该增加户外自由活动的时间。伊伦一直非常感激妈妈对她讲的一句话:学习要少而精,切忌一知半解。这使她受益终身。

　　小伊伦最初的学习生活是在一所特殊的"小学"开始的。在这所特殊的"小学"里,没有拘泥于呆板僵化的填鸭式学习方法,而是一种全新的跳跃式的趣味性学习法。

　　小伊伦很快就被这种快乐而有趣的学习方法吸引住了,"野劲儿"收敛了许多。她开始把她似乎总也使不完的精力放在那些试管、烧杯、天平上,脑子里转起了一个又一个的问号……

　　伊伦每天除了学习功课外,还要干些体力劳动。劳逸结合使她学会了缝补衣服,在庭园里劳动、做饭、荡秋千,还学会了音乐。这样极具趣味性的快乐的学习一直持续了两年,由此奠定了伊伦进军科学的基础。她后来在科学上的成功,很大部分应该归功于这段早期的学习经历。

· 攀上正确的梯子 ·

身为作家和老师的拉比·哈罗德·库什纳先生曾告诉过我这样一个极其有趣的故事：有一个聪明好学的斯坦福医学院二年级的学生，在期末考试中，再一次取得了全年级第一名的优异成绩。作为嘉奖，他的父母给了他一笔丰厚的奖金，让他到亚洲尽情游玩，度过一个快乐的暑假。

在印度游玩期间，他有幸结识了一位宗教大师。大师问他："年轻人，你那么刻苦地学习，是想成为一名优秀的医生吗？"

"不，"年轻人断然否认道，"我对做一名医生没有丝毫的兴趣，我的目的只是想超过我最好的朋友，超过所有的人。"

大师换了个话题问道："你心中理想的妻子是什么样的？"

"我不知道，"年轻人回答道，"但我一定要打败所有的追求者，把我们学院的校花追到手。"

大师对他说："年轻人，你并没有意识到，你的竞争和成就观念正在毒化你的心灵。你所谓的成就，就是没日没夜地学习，以期在考试中取得比其他人更好的名次；你心目中理想的婚姻不是找到一位最适合你的女人，而是赢得拥有最多追求者的女人的芳心。战胜别人，获得第一，这就是你心中的功成名就。"

大师继续劝诫道："我希望你能放弃对这种成功的追求，加入到我们中间，与我们一道分享宁静和关爱。"

年轻人经过认真、反复的思考，终于作出了决定，他打电话告诉他的父母，他已决心退学，也不再回家，他要一直生活在这里的静修院，随时聆听大师的教诲。

6个月后，他的父母收到了他的来信：

"亲爱的爸爸妈妈，我知道你们对我在上个暑假所作的决

感悟
ganwu

每个人都有自己感兴趣的事，都有自己追求的理想，可是我们不能在确定了自己想要追求的感兴趣的事后，就盲目地"勇往直前"，而是要考虑清楚自己的选择是否有意义，因为如果选择错了，那么努力也是毫无意义的。

19

定非常不满，但我想告诉你们的是，这个决定让我快乐无比。我在生命中第一次感受到了平和，这里没有竞争，没有追赶，只有分享与和谐。最令我感到开心快乐的是，我已经成为整个静修院中第二个最受大师器重的弟子，而且，我坚信，到6月份，我一定能成为最受大师器重的弟子！"

年轻人的可笑可悲之处在于，他理解的竞争和成就的含义——比别人做得快，比别人做得多。他没有意识到，做什么比怎样做更为关键。

一位哲人曾经说过："人生最大的悲剧莫过于，人们毕其一生，努力去攀登成功的梯子，当爬到梯子的顶部时，才猛然发现，这个梯子靠在了一个错误的建筑上。"

倘若选错了梯子，那么无论你在梯子上攀登得多快，攀登得多高，哪怕是第一个到达目的地也毫无价值。攀上正确的梯子，才是最为重要的事情。

数学奇才：伽罗华

1832年5月30日清晨，在巴黎的葛拉塞尔湖附近躺着一个昏迷的年轻人，过路的农民从枪伤判断他是决斗后受了重伤，就把这个不知名的青年抬到了医院。第二天早晨10点，这个可怜的年轻人离开了人世，数学史上最年轻、最富有创造性的头脑停止了思考。后来的一些著名数学家们说，他的死使数学的发展被推迟了几十年，他就是伽罗华。

1811年10月25日，伽罗华出生于法国巴黎郊区的拉赖因堡。他的父亲是小镇镇长，母亲受过良好的教育。12岁以前，伽罗华一直是在他母亲的教育下长大的，小时候的伽罗华就对数学表现出很大的兴趣和聪慧。长大后的他在数学领域有很大的影响力，可是这位数学天才只活了21岁就去世了。他的生命虽然短暂，却对方程的理论作出了杰出的贡献。不但如此，关于他还有一个用圆周率破案的传说。

一天，伽罗华得到了一个伤心的消息，他的一位老朋友鲁柏被人刺死了，家里的钱财被洗劫一空。伽罗华闻讯赶来看老朋友，并决定帮朋友查出真相，女看门人告诉伽罗华，警察在勘察现场的时候，看见鲁柏手里紧紧捏着半块没有吃完的苹果馅饼。女看门人认为，凶手一定就在这幢公寓里，因为出事前后，她一直在值班室，没有看见有人进出公寓。可是这座公寓共有四层楼，每层楼有 15 个房间，共居住着 100 多人，这里面到底谁会是凶手呢？

伽罗华把女看门人提供的情况前前后后分析了一番，然后他请女看门人带他到三楼，在 314 号房间的门前停下来，问道："这房间谁住过？"

女看门人回答："米塞尔。"

"这个人怎么样？"

"不怎么样，整天不干正事，爱赌钱，好喝酒，昨天搬走了。"

"这个米塞尔就是杀人凶手。"伽罗华肯定地说。女看门人大为惊奇，问道："根据什么？"

伽罗华告诉她，根据鲁柏手里的馅饼。因为在英文里，"馅饼"读做 pie，读音和字母 π 相同，而字母 π 经常用来表示圆周率。鲁柏生前爱好数学，常把圆周率的近似值取 3.14 来作计算。鲁柏在最后时刻紧握馅饼，看来是为了强调 314 这个数，提醒人们注意 314 号房间里的米塞尔。根据米塞尔的表现，可以断定，凶手就是他！

他们立刻把这些情况报告了警察，要求缉捕米塞尔。米塞尔很快就被捉拿归案，经过审讯，他果然招认了他因为见财起意杀害鲁柏的全过程。就是这半块馅饼，让鲁柏在被害之际还提供了凶手的线索，并被伽罗华注意到，从而抓到了真凶。

醉心花草的孩子

一个人只要对某件事有了积极的兴趣，就会产生无穷无尽的动力，创造出惊天动地的业绩来。达尔文的功课不好，但是他的天赋在观察研究花草及生物上。每个人的自身条件都不一样，兴趣爱好各有不同。我们在培养自己的兴趣爱好时，就应从实际情况出发，坚定自己的方向，同时我们也可以大胆和大人们沟通，把自己的喜好告诉他们，取得更多的支持。

有一个孩子，在学校时的功课差极了，老师说他的智力有问题，孩子们不和他一起玩。看上去，他的确有些沉默寡言，经常一个人坐在屋前的花园里很长时间地看着花草小虫，自得其乐。他的父亲教训他："除了打猎、养狗、捉老鼠以外，你什么都不操心，将来会有辱你自己，也会有辱你的整个家庭。"

他的姐姐也看不起这个学习成绩平平、行为怪异的弟弟，他在家庭中是一个不受欢迎的人。

但是他的母亲怜悯他，她想如果孩子没有那些乐趣，不知道他的生活还会有什么色彩，她对丈夫说："你这样对他不公平，让他慢慢学着改变吧。"

丈夫说："你这是怜悯，不是教育，你会毁了他的一生。"但她却固执己见，他是她的孩子，需要她的安慰和鼓励。

她支持孩子到花园中去，还让孩子的姐姐也去。母亲耍了一个小心机，她对孩子和他的姐姐说："比一下吧，孩子，看谁从花瓣上先认出这是什么花。"孩子要比他的姐姐认得快，于是她就吻他一下。这对孩子来说，是一件多么令人兴奋的事，他回答出了姐姐无法回答的问题。他开始整天研究花园里的植物、蝴蝶，甚至观察到了蝴蝶翅膀上斑点的数量。

对于孩子母亲的做法，她的丈夫觉得不可理喻，那种怜悯是无助无望的，除了暂时麻醉孩子之外，根本毫无益处。但是，就是这位醉心于花草的孩子，多年后成为生物学家，创立了著名的"进化论"。他就是达尔文。

数学大发现

怎样求圆的面积，这已经是一个非常简单的问题，用公式一算，结果就出来了，可是你知道简便精确的计算公式是怎么来的吗？在过去漫长的岁月里，人们为了研究和解决这个问题，不知遇到了多少困难，花费了多少时间。在这一研究队伍中，就有这样一位叫开普勒的数学家，对求圆面积作出了很大的贡献。

大学毕业后的开普勒获得了天文学硕士的学位，被聘请到格拉茨新教神学院担任教师，教的就是数学。他对求圆的面积非常感兴趣。古代的数学家用分割的办法求圆的面积，不管分多少次，得到的都是近似值。为了能让结果精确一些，只有增加分割的次数。然而要把圆分成无穷多等份，说起来容易，但实行起来很难。

开普勒想了一个办法，他模仿切西瓜的办法，把圆分成许多小的扇形。不同的是，以前的人总是把圆分成相似的六边形，而开普勒把圆分成无穷多个扇形。经过计算，开普勒得到的结果：$S=\pi r^2$。

这就是我们十分熟悉的圆的面积公式。

看到这个结果，开普勒很高兴。他用这种分割的办法，求出了许多图形的面积，验证结果都是正确的。他就把自己的这些成果写成了一本书。书写好了，可要给书起个怎样的名字却让他犯难了。

开普勒一直没有想到合适的名字。有一天，他到酒店去喝酒，发现奥地利的葡萄酒桶和他们家乡的酒桶形状很不一样。为什么要做成这个形状呢？高一点不行吗？矮一点也不行吗？扁一点好不好呢？

开普勒很感兴趣，就拿出纸笔来画图计算。结果，他发

23

现，奥地利酒桶的这个形状原来是有原因的。用同样的材料，做成这个形状，能够装最多的葡萄酒。

这个意外的发现，给了开普勒灵感。于是，他把自己的新书命名为《葡萄酒桶的立体几何》。

在这本书里面，开普勒除了介绍他求面积的新方法以外，还介绍了他求出了近一百个旋转体的体积等。

聪明的伽利略

伽利略于1564年2月15日在意大利的港都比萨出生，那儿有一座举世闻名的比萨斜塔。伽利略在家排行老大，他父亲是一位音乐家，他希望聪明的伽利略学医，可以赚更多的钱。因此，伽利略11岁就被送去耶稣修道院，四年后，他告诉父亲决定终生做一名修道者，但这并不符合父亲对他的期望，所以急忙给他办退学。后来一家人移居到其他地方，伽利略在17岁那年回到比萨大学学医，完成了父亲的心愿，可是他只对科学、数学有兴趣，但这一兴趣得不到父亲的一点肯定。于是他决定想一个办法说服父亲。

一天，伽利略对父亲说："爸爸，我想问您一件事，是什么促成了您同妈妈的婚事？"

"我喜欢上她了。"父亲平静地说。

伽利略又问："那您有没有娶过别的女人？"

"没有，孩子。家里的人要我娶一位富有的女士，可我只钟情于你的母亲，她从前可是一位风姿绰约的姑娘。"

伽利略说："您说得一点也没错，她现在依然风韵犹存，您不曾娶过别的女人，因为您爱的是她。您知道，我现在也面临着同样的处境。除了科学以外我不可能选择别的职业，因为我喜爱的正是科学。别的对我而言毫无用途也毫无吸引力！难道要我去追求财富、追求荣誉？科学是我唯一的需要，我对它

的爱有如对一位美貌女子的倾慕。"

父亲说："像倾慕女子那样？你怎么会这样说呢？"

伽利略说："一点也没错，亲爱的爸爸，我已经长大成人了，别的同学都已想到了自己的婚事，可是我从没想过那方面的事。别的人都想寻求一位标致的姑娘作为终身伴侣，而我只愿与科学为伴。"

父亲始终没有说话，仔细地听着。

伽利略继续说："亲爱的爸爸，您有才干，为什么您不能帮助我实现自己的愿望呢？我一定会成为一位杰出的学者，获得教授身份。我能够以此为生，而且比别人生活得更好。"

父亲为难地说："可是家里现在紧张，我没有钱供你上学。"

"爸爸，您听我说，很多穷学生都可以领取奖学金。我为什么不能去领一份奖学金呢？您在佛罗伦萨有那么多朋友，您和他们的交情都不错，他们一定会尽力帮助您的。也许您能到宫廷去把事办妥，他们只需去问一问公爵的老师奥斯蒂罗·利希就行了，他了解我，知道我的能力……"

父亲被说动了："嘿，你说得有理，这是个好主意。"

就这样，伽利略最终说服了父亲，并通过努力实现了自己的理想，成了一名伟大的科学家。

痴迷于数学，困境中拼搏

华罗庚是国际上享有盛誉的数学家，也许会有人这样认为，华罗庚小时候肯定就是数学尖子，其实不然，他幼时反应并不敏捷，数学成绩也不好，但他并未对自己丧失信心，成绩的不好引起了华罗庚的警觉，他暗下决心，一定要赶上去。于是，一有空他就抱着数学课本看，寻找数学题来做，渐渐地对数学产生了兴趣。

有一天，数学老师李老师把课讲完，亮出了一道趣味题让大家去做。题目是"今有物不知其数，三三数之剩二，五五数之剩三，七七数之剩二，问物几何？"当其他同学还在冥思苦想时，华罗庚却很快举手回答："23！"李老师颇为惊讶，走过来问："你看过《孙子算经》？"华罗庚回答说："没有，也没听说过这本书。"原来这道题出自《孙子算经》，它是中国的"剩余定理"，传到西方后被称做"孙子定理"。老师又问："是你自己算的，那你说说，你是怎么算出来的？"华罗庚不紧不慢地陈述了他的思考演算过程，"我是这样想的：这个数三三数之余二，七七数之也余二，这道题的答案可能是 $3 \times 7 + 2$，我又一算，23 用 5 除之正好余 3，所以 23 就是所求的数了！"老师兴奋地告诉同学们："华罗庚同学的答案是正确的，演算的思路也是完全正确的。"从此，全班同学对华罗庚刮目相看了。

华罗庚的数学智慧，让老师大为惊喜。老师的鼓励又使得华罗庚兴趣大增，在数学上加倍用功，于是，数学成绩便往上冲。

千里马刚奋蹄，又幸运地遇到了"伯乐"。新任数学老师王维克认定华罗庚是个富有天才资质的数学苗子，便有心个别指导，这更使得华罗庚信心百倍，刻苦钻研。不但数学这一科名列前茅，其他学科成绩也都领先，被老师们夸为全才。可惜王老师只教了一年，就到法国留学去了。

更可惜的是这位聪明的学生，当他初中毕业考入上海中华职业学校，正奋发前进时，家里遭了火灾。

这场大火烧掉了父亲的生意场，也粉碎了华罗庚的求学梦。华罗庚辍学回家后，成天在自家另开的小店里帮助父亲忙进忙出。已经爱上数学的他告诫自己："绝不能这样沉沦下去！"于是，他一边做生意，一边学数学，白天数铜钱，晚上算习题，抱着王老师留下的几本数学书，如醉如痴，有时怠慢了顾客，有时忘记了记账、收钱。有一次他终于把父亲惹火了，父亲把那一大堆演算稿和书籍撕的撕、烧的烧，急得华罗庚抱着破书和残稿满屋子团团转。

就在这最困难的时刻，王维克老师学成回国，受聘为金坛中学校长，乐得华罗庚如得救星。王校长得知华罗庚这几年在困境中苦苦奋斗的情况后，非常同情他，也非常器重他，把他当做人才特聘到学校当勤杂工兼会计。后来，学校开补习班，又聘他当教员。18岁初中文化水平的人竟当上了中学教员，许多人怀疑华罗庚的能力，担心会耽误了学生。于是，一班士绅和学校的部分教师联名向县教育局控告王校长，"任用不合格教员华罗庚"便成了王校长的"十大罪状之一"。虽然教育局长是个很明事理的人，没有处罚王校长，但王校长终究不堪排挤，只好叹息着拂袖而去。

王校长一走，华罗庚便失去依靠，再次陷入困境，而且灾难接踵而来：一是一直多病的母亲，这回又染新病，不幸去世了；二是他自身患上可怕的伤寒病和可恶的关节痛，心力交瘁，一躺就是半年。"不用下药了，他想吃什么就给他吃点什么吧！"老中医丢下这句沉甸甸的话，一甩手就走了。

面对生活的重重打击及自身的不幸，华罗庚并未低下头，他振作精神，咬牙吞药，顽强地跟病魔作斗争，竟奇迹般活了下来。遗憾的是他的左腿胯关节因骨膜粘连而僵硬，从此他只能拄着拐杖走路了。

只要活着就不放弃数学。华罗庚拖着残腿，白天艰难地奔波谋生，晚上仍旧做着"数学梦"。他在昏暗的油灯下苦读钻研，撰写数学论文投稿。一次次投出，一次次被退稿。退稿信上，编辑不是说这个题目已被法国某个数学家解决了，就是说那项研究先有德国某个教授做过了。这在他人可能会因屡遭打击而灰心丧气，可华罗庚反而当做挑战，一次次给自己打气鼓劲。他是这样想的：我的研究与发现竟然跟国外数学名家不谋而合，说明自己水平不低，正是大有奔头啊。于是，他更加自信，一如既往地拼搏着、奋斗着。

感悟 gonwu

兴趣是求知的火焰，是通往成功的桥梁，是创造性活动的原始动力，有利于我们学习新知识，探索新领域，发现新事物、新规律，促成发明创造。华罗庚就是在这种兴趣力量的驱使下，通过勤奋探索取得了成功。我们应培养自己的兴趣，让它指引我们去探究，去发现。

明智的推销员

当我们与他人办事时，直截了当地说有时很难奏效，并且还容易引起对方的反感，在这种情况下，我们不妨抓住对方感兴趣的话题，通过这个话题拉近彼此之间的距离，办起事来就容易多了。有时了解别人的兴趣爱好，也是助我们成功的一臂之力。

一个公司跟印度军界谈判一桩军火生意，谈了多次都没有成功。这时，这个公司的一个推销员主动请缨，希望能够让自己去完成这个任务。公司同意了，但大家都不抱太大的希望。

这位推销员行动了，他先和印度军界的一位将军通电话，他只字不提生意的事，只说想见他一面。开始这位将军不同意，但推销员说："我准备到加尔各答去，是专程到新德里拜访阁下的，只见一分钟，就满足了。"那位将军勉强答应了。推销员来了，他一进将军的办公室，将军非常冷漠地声明："我很忙，请不要占用太多时间。"

推销员感觉气氛有点紧张，但他还是很沉着。他说："将军阁下，您好！我来是向您表示衷心的感谢的，感谢您一直以来对敝公司采取的这种强硬态度，因为您的强硬态度，使我得到了一个十分幸运的机会，在我过生日的这一天，又回到了自己的土地。"将军一听这话觉得有点莫名其妙同时也感到很意外，他一时愣住了，不知道说什么好。

"先生，您出生在印度吗？"将军问到，此时他脸上的冷漠消失了，并且露出一丝微笑。

"是的，"推销员也笑了笑，说道，"39年前的今天，我出生在贵国的城市加尔各答。当时，我父亲是法国密歇尔公司驻印度的代表。印度人民是好客的，在这里时，我们一家得到了他们很好的照顾。"

接着，推销员又谈了他美好的童年生活，将军越听越入迷，竟被深深感动了。他当即提出邀请，诚心诚意地说："您能在印度过生日真是太好了，今天我想请您共进午餐，表示对您生日的祝贺。"

汽车驶往饭店途中，推销员打开公文包，取出颜色已经泛

黄的合影照片，双手捧着，恭恭敬敬地递给将军。

"将军阁下，您知道这个人是谁吗?"

"这不是圣雄甘地吗?"将军很奇怪，不知道他怎么会有甘地的照片。

"是呀，您再仔细瞧瞧左边那个小孩，那就是我。4 岁时，我和父亲在回国途中，十分荣幸地和圣雄甘地同乘一条船。这张照片就是那次在船上拍的。我父亲一直把它当做最宝贵的礼物珍藏着。这次，我要拜谒圣雄甘地的陵墓，以表示对这位印度伟人的思慕之情。"

"我非常感谢您对圣雄甘地和印度人民的友好感情。"将军说完，紧紧握住了推销员的手。

当推销员告别将军回到住处时，这宗大买卖已拍板成交了。

14 岁发明电视机

1900 年，电视 Television 这个词首次出现。电视机的诞生是 20 世纪最伟大的事件之一，历史将记住它的发明者的名字——一位 14 岁的美国少年，名字叫费罗·T. 法恩斯沃斯。

法恩斯沃斯于 1906 年 8 月 19 日出生于美国犹他州的农家，幼年的法恩斯沃斯就表现出早慧的迹象。他对见过的任何机械装置具有摄影般的记忆力和天生的理解力。3 岁时，他就自己画出过一张蒸汽机的内部结构图，他爸爸看到后很震惊，觉得自己的孩子是个很有天分人，所以常常鼓励他搞些发明创造。法恩斯沃斯的父母为了能让孩子有更好的环境学习，不断搬家，当他们在爱达荷州定居下来之后，11 岁的法恩斯沃斯得知他的新家装有输电线后，欣喜若狂。他在家里的屋顶阁楼上发现了成捆的科技方面的旧杂志，开始了自学并决心当个发明家。

感悟
ganwu

兴趣是一个人成才的起点，它是人们探索未知世界的动力，是研究学问的向导，而研究的后面常常蕴藏着发现、发明和创造。正是在浓厚的兴趣驱使下，法恩斯沃斯14岁时就发明了电视机。有的同学觉得学习压力很大，那么就参加一些活动吧，尝试一下跳跃学习的趣味。

14岁生日那天，爸爸问法恩斯沃斯有什么愿望，他说："我现在最大的愿望，就是设计出一台能够将移动的画面和声音一起传送的新颖的'收音机'！"他的爸爸笑了，这个愿望在那个时代，即便是很多大科学家无论怎样努力都无法办到的，儿子再有天分，可是他小小的年纪，根本就没有受过电子学和工程学方面的正规教育，又怎么可能实现这样"宏伟"的愿望呢？

可是他还是低估了自己这个14岁的儿子。凭着兴趣，法恩斯沃斯阅读了所有他能找到的介绍机械电视成果的资料，构思着一个完全不同的途径。他设想把观看的屏幕划分成许多长条，就像耕田时的垄沟一样，让电流沿着长条，形成黑白区域，而当这些长条互相紧密叠加起来的时候，他认为就可以使它们组成一幅完整的图像。这一装置后来证明比专家们搞出来的东西高明得多。事实上，这种原理和装置至今还有它的使用价值。

他还想：如果一个画面能够转换成电子流，那么它就可以像天线的电波一样在空间传播，最后再由接收机重新聚合成图像。这在现在看来，似乎是一个相当简单的主意，但在当时却没有人想到。

经过不懈的努力，法恩斯沃斯终于获得了成功，美国专利局在20世纪30年代后期认定他才是电视机的所有主要专利的持有者。

第②章

有志者事竟成

人生的真正欢乐是致力于一个自己认为是伟大的目标。

——（英国）萧伯纳

学习需要动力，动力来自于明确的目标。有目标的人生，既是美好的人生，又是充实的人生。有了目标，我们才会更清楚地认识到自己的使命；有了目标，我们才知道如何安排轻重缓急；有了目标，我们才更懂得珍惜和把握现在；有了目标，我们才能未雨绸缪，作好迎接一切变数的安排；有了目标，我们才能走得更远。

感悟
ganwu

成功人士与平庸之辈最根本的差别不在于天赋，也不在于机遇，而在于有无坚定而远大的人生目标，设定一个远大可行的目标，对于我们来说是非常必要的。同学们可在老师及家长的帮助下给自己定一个目标，比如你要考一个怎样的大学或自己将来从事什么职业，做一个怎样的人。让目标成为我们前进的动力吧。

玄奘法师的目标

从前，在一座寺庙中有一个小和尚，每天清晨他都要担水、扫地，做过早课后去寺后很远的市镇上购买寺中一天所需的日常用品。而其他的小和尚则被派往山前的市镇购物，路途平坦距离也近。但是，他们都比小和尚晚回来。

有一天，方丈问这几个小和尚："我一大早让你们去买盐，路这么近，又这么平坦，怎么回来得这么晚呢？"几个小和尚说："我们说说笑笑，看看风景，就回来晚了。十年了，每天都是这样的啊！"方丈又问那个小和尚说："寺后的市镇那么远，你又扛了那么重的东西，为什么回来得还要早些呢？"

小和尚说："我每天在路上都想着早去早回，因为肩上的东西重，所以反而走得稳走得快。十年了，我已养成了习惯，心里只有目标！"方丈听后哈哈大笑，说："只有目标才能催人奋进啊！"

这个小和尚就是后来著名的玄奘法师。在西去取经的途中，虽艰险重重，但他心中的目标从来没有动摇过，直到最后的成功。

选准自己的位置

有一个人住在山里，他的门前有一尊巨大的石像，石像面朝下躺在门前的泥地里，这个人不理会这个石像，反而有点讨厌它，因为它在门前有点碍事。

一天，一个城里的学者进山来考察正好经过他家，城里人看到了石像，便问为什么把石像放在泥地里，山里人说这有啥稀罕的，一块石头而已。城里人见他满不在乎，就问山里人能不能把石像卖给他。这个山里人听了哈哈大笑，十分不解地

说："你居然要买这块又脏又臭的石头，我还一直为无法搬开它而苦恼呢！"

"那我出一个银元买走它。"学者说。山里人想都没想就答应了，他很高兴，因为他得到了一个银元，又搬走了石头，这使他的门前宽敞多了。

石像被学者设法运到了城里。几个月后，那个山里人进城在大街上闲逛，看见一间富丽堂皇的屋子前面围着一大群人，有一个人在高声叫着："快来看呀，来欣赏世界上最精美、最奇妙的雕像，只要两个银元就够了，这可是世界上顶尖的作品！"

他觉得很奇怪，也想去看看，反正价钱也不贵。于是，他付了两个银元走进屋子里去，想要一睹为快。而事实上他所看到的正是他用一个银元卖掉的那尊石像，可是他已无法认出这曾经属于他的石像了。

做好值得你去做的事情

沃尔特·克朗凯特是世界新闻业中一个让人们熟悉的名字，是美国著名的电视新闻节目主持人，他从孩提时代起就开始对新闻感兴趣，并在14岁的时候，成为学校自办报纸《校园新闻》的小记者。

学校为了把报纸做得更好，就和报社联系，请报社的编辑来学校上课，弗雷德·伯尼先生就是被请来的编辑老师，他是休斯敦市一家报社的新闻编辑，每周都会到克朗凯特所在的学校讲授一个小时的新闻课程，并指导《校园新闻》报的编辑工作。

有一次，克朗凯特负责采写一篇关于学校田径教练卡普·哈丁的文章。由于当天有一个同学聚会，于是克朗凯特敷衍了事地写了篇稿子交上去。

第二天，弗雷德把克朗凯特单独叫到办公室，指着那篇文章说："克朗凯特，这篇文章很糟糕，你没有问他该问的问题，也没有对他作全面的报道，你甚至没有搞清楚他是干什么的。"

接着，他又说了一句令克朗凯特终身难忘的话："克朗凯特，你要记住一点，如果有什么事情值得去做，就得把它做好。"

沃尔特·克朗凯特被老师批了一顿，虽然很难受，但是老师说的话很受用，在此后70多年的新闻职业生涯中，克朗凯特始终牢记着弗雷德先生的训导，对新闻事业忠贞不渝。

本·伊利诺伊的两个目标

一个年轻人，有一个很大的志向，但在现实中却经常碰壁。一个偶然的机会，美国汽车工业巨头福特遇到了这个年轻人，看他有大志向，对他很欣赏，所以想帮助这个年轻人实现自己的目标。可是，一问却把福特吓了一跳，原来这个年轻人的目标是赚1 000亿美元，超过了福特现有财产的100倍。

福特问这个年轻人："你要那么多钱做什么？"

年轻人犹豫了一会儿说："其实，我也不太清楚，只是我觉得那样才算成功。"福特说："一个人如果拥有了那么多财富，会威胁整个世界的，我看你还是考虑清楚吧。"福特觉得年轻人的目标太不现实了，劝了年轻人后就离开了。

在这以后长达5年的时间里，福特再也没有见到这个年轻人。一天他突然又遇到了这个年轻人，年轻人告诉福特，他想创办一所大学，他已经有了10万美元，还差10万。福特听后微微一笑开始帮助他。

年轻人经过了8年的努力，终于成功了，他就是美国著名的伊利诺伊大学的创始人本·伊利诺伊。

准备为你带来好运

1976 年的冬天，当时的迈克尔 19 岁，在休斯敦大学主修计算机。他是一个狂热的音乐爱好者，同时也有一副天生的好嗓子，对于他来说，成为一个音乐家是他一生中最大的目标。因此，只要有多余的一分钟，他就会把它用在音乐创作上。

迈克尔虽然擅长唱歌但写歌词却不是他的专长，他找了一个名叫凡内芮的年轻人来合作。凡内芮了解迈克尔对音乐的执著。然而，面对那遥远的音乐界及整个美国陌生的唱片市场，眼前的困难重重。

在一次闲聊中，凡内芮问迈克尔："你能想象 5 年后自己在做什么吗？"

迈克尔还来不及回答，他又抢着说："别急，你先仔细想想，完全想好，确定了再告诉我。"

迈克尔沉思了几分钟，开始说："第一，5 年后，我希望能有一张唱片在市场上，而且这张唱片很受欢迎，可以得到大家的肯定；第二，5 年后，我要住在一个有很多音乐的地方，能天天与一些世界一流的音乐家一起工作。"

凡内芮听完后说："好，既然你已经确定了，我们就把这个目标倒过来看。如果第 5 年，你有一张唱片在市场上，那么你的第 4 年一定要跟一家唱片公司签上合约。

"那么你的第 3 年一定要有一个完整的作品，可以拿给很多很多的唱片公司听，对不对？

"那么你的第 2 年，一定要有很棒的作品开始录音了。

"那么你的第 1 年，就一定要把你所有要准备录音的作品全部编曲，排练好。

"那么你的第 6 个月，就是要把那些没有完成的作品修改好，然后让你自己可以一一筛选。

35

"那么你的第 1 个月，就是要把目前这几首曲子完工。

"那么你的第 1 个礼拜，就是要先列出一个清单，排出哪些曲子需要修改，哪些需要完工。"

凡内芮一口气说了这么多，停顿了一下，然后接着说："你看，一个完整的计划已经有了，现在我们所要做的，就是按照这个计划去认真地准备每一步，一项一项地去完成，这样到了第 5 年，你的目标就实现了。"

计划订好后，他们就开始行动，其中他们遇到了很多困难，但是他们都一一克服了。最后，正如凡内芮所预料的那样，恰好是第 5 年，迈克尔的唱片开始在北美畅销起来，他实现了自己的音乐梦想。

儿时的梦想

有一个英国教师叫布罗迪，他有一次在整理阁楼上的旧物时，发现了一沓练习册，它们是皮特金中学 B（2）班 31 位孩子的春季作文，题目叫"未来我是＿＿＿"。他本以为这些东西在德军空袭伦敦时被炸飞了，没想到它们竟安然地躺在自己家里，并且一躺就是 25 年。

布罗迪随便翻了几本，很快他被孩子们千奇百怪的自我设计迷住了。比如：有个叫彼得的学生说，未来的他是海军大臣，因为有一次他在海中游泳，喝了 3 升海水，都没被淹死；还有一个说，自己将来必定是法国的总统，因为他能背出 25 个法国城市的名字，而同班的其他同学最多能背出 7 个；最让人称奇的，是一个叫戴维的盲学生，他认为，将来他必定是英国的一个内阁大臣，因为在英国还没有一个盲人进入过内阁。总之，31 个孩子都在作文中描绘了自己的未来：有当驯狗师的，有当领航员的，有做王妃的……五花八门，应有尽有。

布罗迪读着这些作文，突然有一种冲动——何不把这些本

子重新发到同学们手中，让他们看看现在的自己是否实现了25年前的梦想。这个想法一冒出来，他马上就行动，和当地的一家报社联系，报社为他发了一则启事。没几天，书信向布罗迪飞来。他们中间有商人、学者及政府官员，更多的是没有身份的人，他们都表示，很想知道儿时的梦想，并且很想得到那本作文簿，布罗迪按地址一一给他们寄去。

一年后，布罗迪身边仅剩下一个作文本没人索要。他想，这个叫戴维的人也许死了。毕竟25年了，25年间是什么事都会发生的。

就在布罗迪准备把这个本子送给一家私人收藏馆时，他收到内阁教育大臣布伦克特的一封信。他在信中说："那个叫戴维的就是我，感谢您还为我们保存着儿时的梦想。不过我已经不需要那个本子了，因为从那时起，我的梦想就一直在我的脑子里，我没有一天放弃过；25年过去了，可以说我已经实现了那个梦想。今天，我还想通过这封信告诉我其他的30位同学，只要不让年轻时的梦想随岁月飘逝，成功总有一天会出现在你的面前。"

布伦克特的这封信后来被发表在《太阳报》上，因为他作为英国第一位盲人大臣，用自己的行动证明了一个真理：假如谁能把15岁时想当总统的愿望保持25年，那么他现在一定已经是总统了。

如何筹集到一百万美元

弗兰克·葛卢斯是全美国最受爱戴的教育家，他在上大学时，感觉到教育制度中有许多缺点，他经常想如果他是校长，一定要改正这些缺点。成立一所新的大学，成了他的梦想，他想在这所大学里实现他的主张，而不受传统教育方法的约束。

这是一个很好的想法，但是真要实行起来，却很困难，他

巴尔扎克说："没有伟大的愿望，就没有伟大的天才。"明确的目标和执著的精神可以帮助我们实现根植于生活的理想！很多同学为自己设定的目标不清晰，没有量化。比如：我要身体健康，我要减肥，我要学好数学，等等，这样的目标是不明确的。我们应该使目标量化，比如设定目标为我要减轻体重5公斤，我要记几个公式、定理，等等。

"有志者，事竟成。"一个人若能以炽烈的积极的欲望做后盾，一个明确的目标才会产生出朝气、生命和力量。所以同学们在设定目标，如"我一定要学好英语！"时，先想好为什么一定要学习英语，比如能够和外国友人聊天，看国外大片，找个好工作，等等。支持的原因越多越好，拿张纸将它们统统写下，贴在床头，天天看，那就是你的动力。

仔细算了一下，为实现这个计划，他需要100万美元！这样的巨款到哪儿去找？这位有抱负的青年传教士的精力，大部分都放在这个问题上。

然而，筹款的事似乎毫无进展。

每天筹款办学校的事总是和他形影不离。身为哲学家兼传教士的葛卢斯，深知一个人若能以炽烈的欲望做后盾，一个明确的目标才会产生出朝气、生命和力量。

这些真理他都知道，但是他不知从何处以及如何把这百万美元拿到手里。对于大多数人而言，自然的做法便是放弃或者拒绝这一念头，但葛卢斯却不是这样的。

一个星期六的下午，葛卢斯坐在房间里思索着筹集这笔钱以实现自己的计划的方法："……我一直在想，想了快两年了，但是我除了想之外，并无任何行动！行动的时候到了！"

就在当时，葛卢斯下了决心，他要在一周之内筹到所需的百万美元。如何筹到？这他并不关心。最重要的是，在一个确定的时间里得到钱的这个"决定"。

在作了这一决定之后，葛卢斯的心里出现了一种前所未有的安定的感觉，这是他在以前所不曾体验过的。在他的心里，好像有人在说："以前你为何不作这个决定？钱始终在等着你！"

事情就这样匆匆地开始了。葛卢斯打电话给报社，说他要第二天早晨演讲，题目是《如果我有100万美元，我会做什么》。

他立即开始起草演讲稿。午夜之前，他已完成了讲演的草稿，并自信地睡了一觉。因为他看见自己已经有了百万美元。

第二天清晨起身，在祈祷时，葛卢斯再度产生了这笔钱即将到来的神秘感觉。在兴奋中，他出门时竟忘了带演讲稿。当他站在讲台上，正要开始演讲时，才发现了自己的疏忽。

回去取讲稿已经来不及了。所幸的是，葛卢斯没去取讲稿。当他站起来开始他的演讲时，他闭着眼睛把自己心灵深处所有的话都倾吐了出来。他感觉自己不仅是在对听众说话，而且还是在对神说话。葛卢斯讲述了如果有 100 万美元放在自己手里时，他会做什么。他描绘着自己心中的计划，他要成立一个伟大的教育机构，让青年人能够学习一些实用的东西，并陶冶他们的心灵，启发他们的智慧。

当葛卢斯讲完坐下以后，从后面第三排的座位上，有一个男子慢慢地站起来，并走向讲台。葛卢斯不知道那男子要做什么。那男子来到讲台前，伸出他的手说："牧师，我喜欢你的演讲。我相信如果你有百万美元的话，你是能做到你说的事的。为了证明我相信你和你的演讲，如果你明天早晨能到我的办公室来，我会给你 100 万美元。我的姓名是菲利浦·亚莫尔。"

年轻的葛卢斯前往亚莫尔的办公室，得到了他渴望的百万美元。他用这笔钱创办了亚莫尔理工学院，也就是现在的伊利诺伊州理工学院。

这 100 万美元的到来，产生于一个意念。意念的背后是一种愿望，年轻的葛卢斯在心中把这个愿望孕育了两年。

这是一个重要的事实，他在心里下了要获得这笔钱的决心，在制订了行动计划之后的 36 小时，百万美元就到手了！

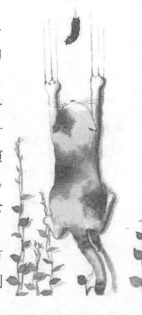

走一步，再走一步

有一位 63 岁的老人，身患绝症，如果手术成功的话，他至少还可以活 5 年，但万一失败就可能死在手术台上。家人、朋友、医生都希望他能选择手术，但他拒绝了家人、朋友、医生的婉言相劝，作出了让他们不敢相信的决定——他要步行回到老家迈阿密市。他强忍着疼痛，顽强抵抗着病魔的折磨，克服了重重困难，经过数日长途跋涉，他终于到达了。在那里，所有的人都为老人的精神所感动。在老人到达的那一天，人们问他是如何鼓起勇气徒步旅行的？这路途中的困难是否曾经吓倒过他？

"走一步路是不需要勇气的，"老人说起话来似乎很愉悦，"我所做的就是这样。我先走一步，接着再走一步，然后再走一步，我就到了这里。"老人经过了长途跋涉，满面红光，感觉身心轻快多了。

感悟
ganwu

不同个性、习惯最终会使彼此回归到自己所熟悉的架构里。我们在构筑自己的目标时，也要充分考虑自己的个性、习惯，不考虑自己的优势和个性的目标不是适合自己的目标。

适合的才是最好的

从前，城市老鼠和乡下老鼠是好朋友。有一天，乡下老鼠写了一封信给城市老鼠邀它来乡下玩。

城市老鼠接到信后，非常高兴，因为它已经好久没有出远门了，想借此机会出去散散心，于是立刻动身前往乡下。到那里后，乡下老鼠带它去欣赏乡间的美景，开饭时乡下老鼠拿出很多大麦和小麦来招待城市老鼠。城市老鼠不屑地说："你怎么能够老是过这种清贫的生活呢？住在这里，除了不缺食物，什么也没有，多么乏味呀！还是到我家玩吧，我会好好招待你的。"

过了一段时间乡下老鼠进城去了，它们又见面了，城市老鼠带着它的朋友在城里转，乡下老鼠看到那么豪华、干净的房子，非常羡慕。想到自己在乡下从早到晚都在农田上奔跑，以大麦和小麦为食物，冬天还得在那寒冷的雪地上搜集粮食，夏天更是累得满身大汗，和城市老鼠比起来，自己实在太不幸了。聊了一会儿，它们就爬到餐桌上开始享受美味的食物。突然，"砰"的一声，门开了，有人走了进来。它们吓了一跳，飞也似的躲进墙角的洞里。

乡下老鼠吓得忘了饥饿，戴起帽子，对城市老鼠说："这里虽然有豪华的房子和美味的食物，但每天都过这种担惊受怕的生活，还不如回到乡下吃麦子来得快活。"说罢，乡下老鼠就离开城市回乡下去了。

为一只蝴蝶失去一个大陆

澳大利亚是一个美丽的国家，它这块"新大陆"是在18世纪末被发现的。这一消息很快被探险家们带回欧洲。对于这块"新大陆"许多国家都想据为己有。1802年，英国和法国各派出一支船队驶向"新大陆"，想占领这块宝地。英国方面由弗林斯达船长带队，法国方面则由阿梅兰船长领军，两位船长都是长期叱咤海上、经验异常丰富的航海家。双方都知道对方也派出了占领船队，因此都不甘示弱，拼抢非常激烈。

当时法国方面的船只技术较为先进。阿梅兰船长率领的三桅快船捷足先登，第一个到达了今天澳大利亚的维多利亚港，并将它命名为"拿破仑领地"。正在他们准备插旗扎寨之时，突然发现了当地特有的一种珍奇蝴蝶，于是兴高采烈的法国人全体出动，一起去抓这种蝴蝶。

不幸的是，就在法国人深入大陆腹地猛追蝴蝶的同时，英国人也来到了这里。当法国船队的船映入他们眼帘时，英国船员们都以为法国人已经占领了此地，心情无比沮丧。弗林斯达船长命令部属登岸，准备有风度地向法国人祝贺。谁知到了岸上一看，既看不到法国人的踪影，也看不到任何占领标志。于是，英国人立即紧急行动起来，把大英帝国的各种标志插得遍地都是。

当法国人带着漂亮的蝴蝶标本回来时，却吃惊地发现，他们的"拿破仑领地"已经不复存在了，英国人正严阵以待，俨然以胜利者的姿态向他们介绍"维多利亚"领地的归属。

为一只蝴蝶失去了一个大陆。澳大利亚就这样在一天之内完成了由法属殖民地向英联邦体系的过渡。留给浪漫的法国人的，只能是一些可怜的蝴蝶标本和无尽的沮丧。

感悟
ganwu

很多同学都说这次期末考试没有实现目标，那么请你仔细想想你在实现目标的过程中是否抓住了重点，是否做得够好？做什么事情都要明确目标，从大局出发，分清轻重缓急，决不能为了一些微不足道的事情而放弃或转移目标。否则，就会像法国人一样，为一只蝴蝶失去一个大陆，到头来自己得到的只能是沮丧和懊悔。

41

终点，在几十米处

在一次马拉松比赛中，激烈的比赛进行到 5 000 米以后，有两个人逐渐甩开了后面的人，跑到了前面。

长时间的奔跑，已经使他们的体力消耗很大了，但是他们依然坚持着向前跑。天公不作美，这时的天气雾很浓，几十米内几乎看不清东西，后来天空又渐渐地飘起了小雨，更给比赛增加了难度。

最前面的一个人，依然在拼命地跑着，雾有多大，他不去理会，但却担心会被脚下的雨水给滑倒，他始终注视着脚下不远的地方。跟在他后边的另外一个人却把头昂得高高的，他注视着目标，心里不停地默念着终点、终点，我就要到终点了。

两个人的体力都支持不住了，他们仅相差几米远。

后来跑在最前面的人终于累倒在地上起不来了。

第二个人也感觉要趴下了，但是他却猛然发现终点就在他前面的几十米处，透过迷雾，他隐约可以看见终点处摆动的旗帜。所以，他猛然又增添了一种动力，顽强地最先跑到了终点。

聪明的沙米尔

有个叫沙米尔的犹太商人在墨尔本开了一家食品店，而他的店对面，正好已有一家意大利人安东尼开的食品店。两家店开在同一个地段，不可避免地展开了激烈的竞争。

安东尼眼看新的竞争对手出现，非常气愤，但又无可奈何，他苦思冥想，想出削价竞争一策。他为自己想出的主意得意了一下，他想好好整整这个新店主，便在自家门前立了一块木板，上写：火腿，1磅只卖5毛钱。不想沙米尔也立即在自家门前立起木板，上写：火腿，1磅4毛钱。安东尼见沙米尔抬杠，一赌气，立即把价钱改写成：火腿，1磅只卖3毛5分钱。

这样一来，价格已降到了成本价以下。想不到，沙米尔更离谱，把价钱改写成：1磅只卖3毛钱。几天下来，安东尼有点儿撑不住了。他气冲冲地跑到沙米尔的店里吼道："小子，有你这样卖火腿的吗？这样疯狂降价，知道会是什么结果吗？咱俩都得破产！"

沙米尔报之一笑："什么'咱俩'呀！我看只有你会破产。我的食品店压根儿就没有什么火腿。板子上写的3毛钱1磅，我都不知道指的什么东西哩！"安东尼这才叫苦连天，发觉自己因为自作聪明上了大当。

科学家法拉第

法拉第出生于英国，父亲是位铁匠，收入不高，但法拉第并不因此自卑，他常鼓励自己要力争上游。只念完小学的法拉第，13岁就到一家书店学习装订书本，法拉第工作卖力，性情开朗，颇得老板欣赏，也因此可以读店内的书。他在书店里不放过任何一本有关科学的书，这为他以后的发展打下了很好的基础。法拉第由一个装订工成为了不起的大科学家，还在于他后来能够到当时誉满欧洲的化学家戴维的实验室工作。这样的好条件、好机遇不是天上掉下来的，完全是靠他自己创造的。

法拉第在当装订书本的工人时，经常有机会听戴维的报告，他每次都很认真地听，然后把所有的报告整理分类，装上羊皮封皮，一次次邮给戴维。

戴维大为感动，请法拉第来面谈。

法拉第很想在戴维的实验室找份工作，戴维却拒绝了，说："你年纪也不小了，什么教育也没受过，还是回到装订车间去吧！"

这无异于给法拉第当头泼了一瓢冷水。若是一般人，被如此拒绝，还有什么可说的呢？法拉第则不然，一计不成又生

一计。

他向戴维请求："不能收我当实验员，就让我当勤杂工吧！"

就这样，法拉第创造了机遇，一步一步，终于当了实验室助手，并因此才有了一系列的创造发明，为科学作出了杰出贡献，最终的成就还超过了戴维！

可怜的植物学家

从前，有一个植物学家在一次野外考察时，无意中发现了一个部落，那里山清水秀，景色怡人，有很多罕见的植物。植物学家十分兴奋，于是，他迫不及待地找到那里的酋长，希望酋长可以允许他带更多的植物学家来部落深入研究那些罕见的植物，但是酋长不希望安适的日子遭到破坏，所以一直沉默不语。植物学家看到酋长的反应后，还是一再恳求，甚至还提出了购买部落的土地的要求。酋长思索了一番，终于想出了一个办法。他对植物学家说："尊贵的客人，您先在这里住一晚，明天早晨，我再带您去丈量您想要购买的土地。"

第二天清晨，酋长把植物学家带到一个山丘上，并把法杖插到地上，对他说："尊贵的客人，现在请您往前走，到日落的时候必须折返回来，回到我插法杖这个位置，您可以得到的土地，就是以这根法杖为圆心，以您走过的路为半径的圆的范围内的土地，现在，请您出发吧！"那位植物学家听了之后，非常高兴，头也不回地向远方奔去了。

很快，植物学家就看不到酋长插法杖的那个山丘了。快到中午的时候，他想："我还有体力，再走远一些，可以研究的植物就会多一些，下午我再加速跑回去。"

就这样，他一直坚定地向前走，直到太阳开始西落，他才向来的方向狂奔，但是，他实在是太累了，在天边只剩下最后一缕日光的时候，他终于精疲力竭，瘫在了离山丘不远的地方……

最终，可怜的植物学家只是采集了部分罕见植物的标本，然后无奈地离开了部落。

感悟 ganwu

无论在生活中，还是在学习中，我们都要权衡自己的能力，实事求是地设定可行的目标，不要像故事中的植物学家那样，好高骛远，对自己作出不切实际的判断，以致最终所有的努力都付诸东流。

温迪快餐店的成功之路

在美国的很多地方你都能看到一个顾客盈门的汉堡餐厅，它还有一个温馨的名字——温迪快餐店。每天人们在店里都能买到可口的汉堡，然后满意而归。

温迪快餐店是一个叫迪布·汤姆斯的美国人于1969年在美国俄亥俄州开的，迪布·汤姆斯用女儿的名字给店起了名。在当时，美国的连锁快餐公司已比比皆是，麦当劳、肯德基、汉堡王等已是大名鼎鼎。与它们比起来，温迪快餐店只是一个名不见经传的小弟弟而已。

然而迪布·汤姆斯毫不因为自己的处境气馁。他从一开始就为自己制订了一个高目标，那就是赶上快餐业老大麦当劳！

20世纪80年代，美国的快餐业竞争日趋激烈。麦当劳为保住自己老大的地位，花费了不少心机，这让迪布·汤姆斯很难有机可乘。

一开始，迪布·汤姆斯走的是隙缝路线，麦当劳把自己的顾客定位于青少年，温迪就把顾客定位于20岁以上的青壮年群体。为了吸引顾客，迪布·汤姆斯在汉堡肉馅的重量上做足了文章。在每个汉堡上，他都将其牛肉增加了零点几盎司。这一不起眼的举动为温迪赢得了不小的成功，并成为日后与麦当劳竞争的有力武器。

温迪一直把麦当劳作为自己的竞争对手，在这种激励中快速发展自己。终于，一个与麦当劳抗衡的机会来了。

1983年，美国农业部组织了一项调查，发现麦当劳的汉堡包号称有4盎司的肉馅，重量从来就没超过3盎司！这时，温迪快餐店的年营业收入已超过19亿美元。

迪布·汤姆斯认为"牛肉事件"是一个问鼎快餐业霸主地位的机会，于是对麦当劳大加打击。他请来了著名影星克拉拉·佩乐为自己的快餐店拍摄了一则后来享誉全球的广告。广告说的是一个认真好斗、喜欢挑剔的老太太，正在对着桌上放着的一个硕大无比的汉堡包喜笑颜开。当她打开汉堡包时，惊奇

地发现牛肉只有指甲盖那么大！她先是疑惑、惊奇，继而开始大喊："牛肉在哪里？"不用说，这则广告是针对麦当劳的。美国民众对麦当劳本来就有许多不满，这则广告适时而出，马上引起了民众的共鸣。一时间，"牛肉在哪里？"这句话就不胫而走，迅速传遍了千家万户。在广告取得巨大成功的同时，迪布·汤姆斯的温迪快餐店的支持率也得到了飙升，营业额一下子上升了 18%。

凭借不懈努力，温迪快餐店的营业额年年上升，1990 年达到了 37 亿美元，发展了 3 200 多家连锁店，在美国的市场份额也上升到了 15%，直逼麦当劳，坐上了美国快餐业的第三把交椅。

感悟
ganwu

没有目标的人生是很难取得成功的，就好比大海中没有灯塔，航船就接近不了海岸一样。比塞尔人没有选准方向，所以走不出荒漠。我们期待取得成功，然而取得成功最重要的是选准方向。准确的方向是奋斗的原动力，是加速成功的催化剂。在人生路上，带着智慧上路，朝着既定的方向努力，迎接我们的将会是累累硕果！

·重要的是选准方向·

更好的生活，从选准方向开始。

在广阔的撒哈拉沙漠腹地有一个小村庄叫比塞尔，它紧贴在一块仅有 1.5 平方千米的绿洲旁，要走出这块沙漠，需大约三昼夜的时间。由于贫困的生活条件所迫，村民们曾一次次试图离开那里，但无论向哪个方向走，最后他们都会一次次地返回原地。

1926 年，英国皇家科学院院士莱文，带着极大的困惑来到了这里。他收起了指南针等设备，雇佣了一个比塞尔人，让他带路，想看看他们究竟为什么走不出沙漠。他们准备了够用半个月的水，牵上两匹骆驼，一前一后上路了。

10 天后，他们走了大约 800 英里的路程，第 11 天早晨，他们面前出现了熟悉的那块绿洲，他们竟又回到了比塞尔。

此时，莱文院士终于明白了——比塞尔人之所以走不出沙漠，是因为他们没有指南针，又不认识北斗星。

要知道，在一望无际的沙漠中凭着感觉前行，一定会走出许多大小不一的圆圈，而比塞尔在方圆上千米的沙漠中央，没有指南针，他们最后的足迹十有八九会是卷尺的形状——终点又回到了起点。

后来，莱文教比塞尔人认识了北斗星，沿着北斗星指引的方向，只用了3天，他们就走出了大漠。

其实，现实中很多的成功，都像上面这个小故事喻示的那样——许多时候，仅有热情和能力是远远不够的，最重要的是要选准方向，只要朝着明确的方向努力，就一定会走出荒漠，找到希望的绿洲。

· 失败的挑战 ·

1952年7月4日清晨，美国加利福尼亚海岸笼罩在浓雾中。在海岸以西21英里的卡塔林纳岛上，一位名叫弗罗伦丝·查德威克的妇女纵身跃入太平洋中，开始向加州海岸游去。要是能够挑战成功的话，她就是第一个游过这个海峡的妇女。而在此之前，她是从英法两边海岸游过英吉利海峡的第一个妇女。

那天清晨，海水冰冷刺骨，她冻得全身发麻，而且海面上的雾很大，她几乎连护送自己的船都看不到。时间一点点过去，千千万万的人在电视机上看着她的这次挑战。有几次，鲨鱼靠近了她，被护送她的人开枪吓跑，而她仍然在游。

大概15个小时之后，她感到又累又冷，觉得自己不能再游了，就叫人拉她上船。她的母亲和教练在另一条船上，他们都告诉她离海岸很近了，叫她不要轻易放弃。她朝加州海岸望去，可除了浓雾，她什么也看不到。于是，她还是选择了放弃，人们把她拉上了船。

又过了几个钟头，她觉得身体渐渐暖和了，可是心却依然冰冷——这时的她感受到了失败的打击，因为人们拉她上来的地点，离加州海岸只有半英里。后来她说，她最终半途而废，不是因为疲劳，也不是因为寒冷，而是因为她在浓雾中看不到目标。

矢志不移

卡诺·帕瓦罗蒂是意大利乃至世界歌坛上著名的男高音巨星，有人向他讨教成功秘诀。帕瓦罗蒂没有长篇大论，而只提到了父亲和他说过的话。

"当我还是个孩子时，我的父亲——一个普通的面包师，把我引介到歌的王国里。"帕瓦罗蒂回忆说，"当时我还在一所师范院校就读。毕业之际，我问父亲：'我是当教师呢，还是做个歌唱家？'

"我父亲回答说：'如果你想同时坐在两把椅子上，你可能会从椅子中间掉下去。生活要求你只能选一把椅子坐上去。'

"我选了一把椅子。经过7年的努力，我才首次登台亮相。又过了7年，终于有机会到大都会歌剧院演唱。现在想一想，不管你是搞建筑，或是写一本书——无论我们干什么——都应把毕生的精力献给它，矢志不移，这就是成功的秘诀——只选一把椅子。"

目标的力量

朱利斯·法兰克博士是美国纽约市立大学的心理学教授，虽然他已经70岁了，但却葆有相当年轻的心态。一天，有个年轻人去采访法兰克博士。

他们谈到了一个关于目标的话题，法兰克博士给年轻人说起这样一件事："我在好多好多年前遇到过一个中国老人，那是第二次世界大战期间，我在远东地区的俘虏集中营里。那里的情况很糟，简直无法忍受，食物短缺，没有干净的水，放眼所及全是患痢疾、疟疾等疾病的人。有些战俘在烈日下无法忍受身体和心理上的折磨，对他们来说，死已经变成最好的解脱。我自己也想过一死了之，但是有一天，一个人的出现扭转了我的求生意念，那是一个中国老人。"

年轻人非常专注地听着法兰克博士诉说那天的遭遇。

"那天我坐在囚犯放风的广场上，身心俱疲。我心里正想着，要爬上通了电的围篱自杀是多么容易的事。一会儿，我发现身旁坐了个中国老人，我因为太虚弱了，还恍惚地以为是自己的幻觉。毕竟，在日本的战俘营区里，怎么可能突然出现一个中国人？他转过头来问了我一个问题，一个非常简单的问题，却救了我的命。"

年轻人马上提出自己的疑惑："是什么样的问题可以救人一命呢？"

法兰克博士继续说："他问的问题是：'你从这里出去之后，第一件想做的事情是什么？'这是我从来没想过的问题，我从来不敢想。但是我心里却有答案：我要再看看我的太太和孩子们。突然间，我认为自己必须活下去，那件事情值得我活着回去做。那个问题救了我一命，因为它给了我某个我已经失去的东西——活下去的理由！从那时起，活下去变得不再那么困难了，因为我知道，我每多活一天，就离战争结束近一点，也离我的梦想近一点。中国老人的问题不只救了我的命，它还教了我从来没学过，却是最重要的一课。"

"是什么？"年轻人问。

"目标的力量。"

"目标？"

"是的，目标，企图，值得奋斗的事。目标给了我们生活的目的和意义。当然，我们也可以没有目标地活着，但是要真正地活着，快乐地活着，我们就必须有生存的目标。有了目标，我们才知道要往哪里去，去追求些什么。没有目标，生活就会失去方向，而人也就成了行尸走肉。人们生活的动机往往来自于两样东西：不是要远离痛苦，就是追求欢愉。目标可以

感悟 ganwu

一个人若没有目标，他的生命将会缺乏前进的动力。目标赋予了我们生命的意义和目的。有了目标，我们才会把注意力集中在追求成功和幸福上。有目标的人生，才是充满希望与活力的人生，人生因此才会变得充盈。我们应该给自己定一个目标，在你困惑不知如何设定目标时，可以咨询师长，征得家人的意见。

让我们把心思紧系在追求欢愉上，而缺乏目标则会让我们专注于避免痛苦。同时，目标甚至可以让我们更能够忍受痛苦。"

"我有点不太懂，"年轻人疑惑地说，"目标怎么会让人更能够忍受痛苦呢？"

"嗯，我想想该怎么说……好！想象你肚子痛，每几分钟就会来一次剧烈的疼痛，痛到你忍不住呻吟起来，这时你有什么感觉？"

"太可怕了，我可以想象。"

"如果疼痛越来越严重，而且间隔的时间越来越短，你有什么感觉？你会紧张还是兴奋？"

"这是什么问题，痛得要死怎么可能还兴奋起来，除非我是受虐狂。"

"不，这是个怀孕的女人！这女人忍受着痛苦，她知道最后她会生下一个孩子来。在这种情况下，这女人甚至可能还期待痛苦越来越频繁，因为她知道阵痛越频繁，表示她就快要生了。这种疼痛的背后含有具体意义的目标，因此使得疼痛可以被忍受。同样的道理，如果你已经有个目标在那儿，你就更能忍受达到目标之前的那段痛苦。毫无疑问，当时我因为有了活下去的目标，所以使我更有韧性，否则我可能早就撑不下去了。"

法兰克博士停了一会儿，继续说道："后来我把那位中国老人和我说的话对一位消沉的战俘说了，他重新站了起来。看着一个人的改变这么大，而你知道你说的话对他有很大的帮助，那种感觉真是太棒了！所以我又把这当成自己的目标，我要每天都尽可能地帮助更多的人。战争结束之后，我在哈佛大学从事一项很有趣的研究。我问1953年那届的毕业生，他们的生活是否有任何企图或目标？你猜有多少学生有特定的目标？"

"50％。"年轻人猜道。

"错了！事实上是低于3％！"法兰克博士说，"你相信吗，

100个人里面只有不到3个人对他们的生活有一点想法。我们持续追踪这些学生达25年之久，结果发现，那有目标的3个毕业生比其他97％的人，拥有更稳定的婚姻状况，良好的健康状况，同时，财务情况也比较正常。当然，毫无疑问，我发现他们比其他人有更快乐地生活。"

"你为什么认为有目标会让人们比较快乐呢？"年轻人问。

"因为我们不只从食物中得到精力，更重要的是从心里的一股热忱来获得精力，而这股热忱则是来自于目标，对事物有所企求，有所期待。为什么有这么多人不快乐，一个非常重要的原因就是他们的生活没有意义，没有目标，也没有梦想。他们因此在生命的旅途上迷失了方向和自我。

"如果我们有目标要去追求的话，生活的压力和张力就会消失，我们就会像与障碍赛跑一样，为了达到目标，而努力冲过一道道关卡和障碍。

"目标提供了我们快乐的基础。人们总以为舒适和豪华富裕是快乐的基本要求，然而事实上，真正会让我们感觉快乐的却是某些能激起我们热情的东西。这就是快乐的最大秘密。缺乏意义和目标的生活，是无法创造出持久的快乐的。这就是我所说的目标的力量。"

·从点滴做起·

维蒂希是德国化学家，1897年6月16日出生在德国柏林。维蒂希小时候有一个远大的理想——做美国总统，他觉得只有做了总统，才有权力做许多事，才可以帮助很多人。但他却不愿意做力所能及的小事，当妈妈让他帮忙把鱼缸里的鱼喂一下时，他却说："喂鱼？噢，不，那可不是总统干的事！"

妈妈语重心长地对他说："人有一个伟大的目标是好事，但绝不能好高骛远，做任何事都应从零开始……"

小维蒂希当时却不明白这个道理，也不理会妈妈，他总是在爸爸的书房里，找有关名人的书看，边津津有味地看边幻想着。有时小维蒂希会爬到父亲的靠椅上，在上面转几个圈，然后拿起一本书，故作认真地看着，一会儿拿起电话说几句，一会儿拿起笔写几个字，俨然一副当官的派头。就连朋友叫他去打牌他也不去，他认为总统要做许多大事，怎么会去打牌呢？

有一次在化学课上，小维蒂希在课桌里偷偷地看《名人传》，后来连放学了都不知道。化学老师走到他身边，说："听说你以后要做美国总统，是吗？这很好，是一个很远大的志向。但人光有雄心壮志是不够的，要从小事做起，慢慢地实现它。现在，你一心想做美国总统，但没有任何行动，这就等于空想了。"小维蒂希红着脸点头道："老师，我错了。"

自从和化学老师谈话后，小维蒂希深受启发。他不但很细心地给花浇水给鱼喂食，而且还很认真地做每一件事，在学习上遇到了难题，他也不轻易放过，渐渐地就养成了一种严谨细心而认真的习惯。

他对化学老师也很尊敬，学习化学很用功，久而久之，他对化学的兴趣越来越浓厚，后来终于走上了研究化学的道路。1979年，他还获得了诺贝尔化学奖。

至于做总统的志向，维蒂希把它放在了心里，他觉得自己更适合做科学研究。但无论做什么，他当初受的教诲都是有益的。从零开始，这是他踏上成功之路的关键。

哲学家插秧

有一个哲学家，一天他漫步于田野中，发现水田当中新插的秧苗竟排列得如此整齐，犹如用尺量过一样。他不禁好奇地问田中劳作的老农，是如何办到的。

老农忙着插秧，没有时间和哲学家闲聊，要他自己插插看。哲学家觉得很有意思，毫不犹豫地卷起裤管，喜滋滋下田地插完一排秧苗，可抬头一看竟是参差不齐，惨不忍睹。他再次请教老农，老农告诉他，在弯腰插秧时，眼睛要盯住一样物体做参照。

这一次哲学家照做了，不料这次插好的秧苗，竟成了一道弯曲的弧线。

老农问他："你是否盯住了一样东西？"

"是啊，我盯住了那边吃草的水牛，那可是一个大目标啊！"

"水牛边走边吃草，而你插的秧苗也跟着移动，你想这个弧形是怎么来的？"

哲学家恍然大悟，这次，他选定了远处的一棵大树，果然插出来的秧苗非常直，犹如他开始看到的秧苗那样。

把精力专注于一个目标

伦琴是德国实验物理学家。少年时的他对艺术、文学、历史、哲学、化学、物理等有浓厚的兴趣，但始终未能深入。后来，他开始与当时著名的物理学家奥古斯特·孔特交往，关系非常密切。他得到了孔特很多帮助，后来他选择物理学作为终生事业也是受孔特的影响。

伦琴在回忆中说："在人生的关键时期，我有幸认识了年轻的物理学家奥古斯特·孔特。有一天，他问我：'你这一生中到底想干什么？'我说：'不知道。'他接着说：'那么你不妨在物理学方面尝试一下。'然而，我自己知道，我虽然对物理学感兴趣，但事实上我在物理学方面知之甚少。他说：'你可以通过学习再提高。兴趣分散，浅尝辄止，最终会因精力分散而一事无成的。'就这样，24岁的我抱着试试看的心理，开始在物理学方面深入地学习和研究。"

伦琴从小就性格倔强，一旦认准目标就从不轻易改变。他的父母本来希望他日后能当一名水利工程师，但伦琴深入学习物理以后，就决心要为之奋斗终生。他那坚定不移的信念感动了父母，并促使他最终考上了著名的瑞士苏黎世工业学院。

伦琴的一生自始至终都献身于物理实验和研究事业。他坚定地把毕生精力用在物理学上是他获得成功的重要因素。

1895年11月8日，伦琴在进行阴极射线研究过程中作出了他一生中最重要的科学发现。他第一次注意到放在射线管附近的氰亚铂酸钡小屏上发出微光。经过几天废寝忘食的研究，他确定了荧光屏的微光是由于射线管中发出的某种射线所致。由于这是一种性质不明的新射线，他称之为"X射线"——X在数学上通常用来代表一个未知数。

X射线是人类发现的第一种所谓"穿透性射线"，它能穿透普通光线所不能穿透的某些材料。在初次发现时，伦琴就用这种射线拍摄了他夫人的手的照片，显示出手的骨骼结构。这种发现实现了某些神话中的幻想（中国也有"秦王照胆镜"的传说），因而在社会上立即引起很大的轰动，为伦琴带来了巨大的荣誉。1901年诺贝尔奖第一次颁发，伦琴就由于这一发现而获得了这一年的物理学奖。

一个心理学家的实验

一天，一个心理学家做了一个特殊的实验。

他首先把参加实验的人分成了三组，并让他们分别向着10公里以外的三个村子进发。而第一组的人，既不知道村庄的名字，也不知道路程的远近，只要跟着向导走就行了；第二组的人，不仅知道村庄的名字，还知道路程的远近，但公路旁边没有里程碑，所以他们只能凭借经验来估算所走的距离；第三组的人，不但知道村庄的名字和路程的远近，而且可以看到公路旁边每隔一公里就会出现一次的里程碑。

然后，三组人同时出发了。

第一组的人，刚走出两三公里，就有人开始叫苦；而走到一半的时候，有人几乎愤怒了，他们一直抱怨为什么要走这么远，何时才能走到头，有人甚至坐在路边不愿走了，而且越往后，他们的情绪就越低落。

第二组的人，走到一半的时候，才有人问起已经走了多远，而且在他们得知大概走了一半的路程后，就又和大家簇拥着继续往前走了；当走到全程的四分之三的时候，大家开始情绪低落，大多数人都觉得已经疲惫不堪了，不过，当听到有人说"快到了！快到了！"后，大家就又振作起来，加快了行进的步伐。

第三组的人，边走边看里程碑，每缩短一公里，大家便有一小阵的快乐，而且在行进的过程中，他们常常用歌声和笑声来消除疲劳，所以情绪一直很高涨。结果可想而知，最先到达目的地的是第三组的人，第二到达目的地的是第二组的人，而最后到达目的地的是第一组的人。

最后，心理学家得出了这样的结论：当人们的行动有了明确的目标，并且人们能够把行动与目标不断地加以对照，进而清楚地知道自己的行进速度与目标之间的距离时，人们行动的动机就会得到维持和加强，而人们也会自觉地克服一切困难，努力到达目标。

·爱因斯坦不当总统·

爱因斯坦被誉为20世纪最伟大的科学家。他一生所取得的成就，是举世公认的。他之所以能够取得如此令人瞩目的成绩，和

感悟
ganwu

故事中的第一组人就像在盲目航行的船，他们没有明确的目标，总会觉得路途遥远，会愤怒，会抱怨，甚至会放弃，所以，让我们明确目标，并为之努力奋斗吧，这样，就能像故事中的第三组人一样，对人生之旅充满希望，快乐地去实现目标。

他的勤奋努力，和他一生具有明确的奋斗目标是分不开的。

爱因斯坦于1879年3月14日在德国小城乌尔姆出生，他的父母都是犹太人。爱因斯坦有一个幸福的童年，他的父亲是位平静、温顺的好心人，爱好文学和数学；他的母亲个性较强，喜爱音乐，并影响了爱因斯坦，爱因斯坦从6岁起学小提琴，从此小提琴成为他的终身伴侣。爱因斯坦的父母对他有着良好的影响和家庭教育，家中弥漫着自由的精神和祥和的气氛。

和牛顿一样，爱因斯坦年幼时也未显示出超群的智力，到了4岁多还不会说话，家里人甚至担心他是个低能儿。6岁时他进入了国民学校，是一个十分沉静的孩子，喜欢玩一些需要耐心和坚忍的游戏。1888年进入中学后，学业也不突出，除了数学很好以外，其他功课都不怎么样，尤其是拉丁文和希腊文，他对古典语言毫无兴趣。但是爱因斯坦有自知之明，知道必须量力而行。他进行自我分析：自己虽然成绩平平，但对物理和数学有兴趣，成绩较好。自己只有在物理和数学方面确立目标，才能有出路，其他方面是不及别人的。因而他读大学时选读苏黎世联邦理工学院物理学专业。由于奋斗目标选得准确，爱因斯坦的个人潜能就得以充分发挥，他在26岁时就发表了科研论文《分子R度的新测定》，以后几年他又相继发表了四篇重要科学论文，发展了普朗克的量子概念，提出了光量子除了有波的性状外，还具有粒子的特性，圆满地解释了光电子效应，宣告狭义相对论的建立和人类对宇宙认识的重大变革，取得了前所未有的显著成就。为了避免耗费人生有限的时光，爱因斯坦善于根据目标的需要进行学习，使有限的精力得到充分的利用。他创造出了高效率的定向选学法，即在学习中找出能把自己的知识引导到深处的东西，抛弃使自己头脑负担过重和会把自己诱离要点的一切东西，从而使他集中力量和智慧攻克选定的目标。他曾经说："物理学分成了许多专门领域，其中每个领域都能吞噬一个人短暂的一生。在这个领域里，我学会了识别出那种能导致深化知识的东西，而把许多充塞脑袋

感悟 ganwu

在人生的竞赛场上，没有确立目标的人，是不容易成功的。许多人并不缺乏信心、恒心、智力和能力，但是由于没有确立目标或是选准目标，所以没有取得预期的成功。爱因斯坦根据自己的特长确定目标并一直为之奋斗，最终取得巨大的成就，这充分说明了确立目标的重要性。从某种意义上说，目标决定成败。

并使其偏离主要目标的东西撇开不管。"为了阐明相对论，他专门选学了非欧几何知识，这样定向选学法，使他的立论得以顺利进行和正确完成。爱因斯坦正是在10多年时间内专心致志，攻读与自己的目标相关的书，研究相关的知识，终于在光电效应理论、布朗运动和狭义相对论三个不同领域取得了重大突破。值得一提的是，爱因斯坦不但有可贵的自知之明精神，而且对已确定的目标矢志不移。1952年以色列国鉴于爱因斯坦科学成就卓越，声望颇高，加上他又是犹太人，当该国第一任总统魏兹曼逝世后，邀请他担任总统职务，他婉言谢绝了，并坦然承认自己不适合担任这一职务。

一心想成为禅师的北野

在日本京都永平寺，有一个叫北野的方丈，他一心想成为一代禅门大师。北野年轻时喜好四方云游。20岁那年他在旅途中遇到一位行人，这个行人嗜烟如命，他们两人恰巧结伴走了一段路，那个行人一路上都抽烟，他们来到一棵树下休息，那行人递给北野一袋烟，北野从来没有抽过烟，所以也就接受了。

抽过烟后，北野觉得烟味甚佳，不停地称赞，那行人一听也大方起来，便送他一根烟管和一些烟草。

那人走后，北野突然想："这样令人舒服的东西，也许会侵扰禅定，我应立即停止，以免积恶成习。"于是他扔掉了烟草和烟具。

后来北野开始研究《易经》，那一年时值冬季，天气非常的冷，他没有御寒衣服，便写了一封信，托一位旅人带给数百里外的一位老师。但冬季都快过去了，既没有衣服寄来，也没有音信传来。北野被冻了一个冬季，好不容易挨过冷酷严冬，他利用《易经》之理，占卜此事，卜出信并未送达。不久后，他的老师寄来一封信，信里果然没提到衣服之事。

"如果我以《易经》去做如此准确的占卜工作，也许会毁坏了我的禅学课程。"北野对此又起了警惕之心。于是，他又

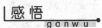

感 悟
ganwu

北野及时停止了不利于实现目标的事，最后取得了成功。我们在向自己的目标进军时，要抵制住各种纷繁世事的诱惑，比如网络游戏、时尚衣物等，抛弃那些会妨碍自己前进的因素，坚定信念不动摇。同时，一旦知道了自己的所为与目标相悖，便要立刻改正，这是达到目标的最佳方法。

丢弃了不可思议的《易经》之术。

到了28岁那年，北野爱上了书法和汉诗，他每日研究书法和汉诗，慢慢的，他有了很大的进步，获得了老师的赞赏。此时北野没有被老师的赞扬冲昏头脑，他又警惕到："如果我不及时停止，我的禅师梦可能永远都实现不了啊！"

想到这，他不再舞文弄墨、习字赋诗，而是终日为成为一代禅门大师而努力，后来他终于成功了。

看到了什么

感悟
ganwu

有了明确的目标，不受周围种种诱惑的干扰，紧盯自己的目标，才会在实现目标的道路上少走弯路。可是如果像猎人的大儿子或二儿子一样，不能将精力集中在目标上，就会对自己造成干扰，最终一事无成。所以，在确定目标之后，就要心无旁骛，勇往直前！

一天，一个猎人带着三个儿子到草原上猎杀野兔。

不久，他们就到达了目的地，一切准备就绪，在开始行动之前，猎人突然向三个儿子提出了一个问题："你们看到了什么呢？"

大儿子环视了一圈，回答道："我看到了我们手里的猎枪、在草原上奔跑的野兔，还有一望无际的草原。"

猎人摇摇头，说："不对。"然后把目光投向二儿子。

二儿子想了想，说："我看到了爸爸、大哥、弟弟、猎枪、野兔，还有茫茫无际的草原。"

猎人又摇摇头，说："还是不对。"然后他转向三儿子，希望三儿子能说出让他满意的答案。

三儿子目视着远方，淡淡地说："我只看到了野兔。"

他话音刚落，猎人的大儿子和二儿子就一阵唏嘘，他们都觉得老三说得简直是废话，可是让他们没想到的是，猎人微笑着点了点头，对三儿子说："你答对了！"

师文学琴

古时候，有个善于弹琴的乐师，名叫瓠巴。据说在他弹琴的时候，鸟儿能踏着节拍飞舞，鱼儿也会随着韵律跳跃。郑国的师文听说这件事后，十分希望自己也能像瓠巴一样，于是，他来到鲁国拜师襄为师。

师襄手把手地教他调弦定音，可是他的手指十分僵硬，学了三年，他竟弹不成一个乐章。师襄没有办法，只好说："你太缺乏悟性，恐怕很难学会弹琴，还是回家吧。"

师文放下琴后，叹了口气，说："我并不是不能调好弦、定准音，也不是不会弹奏完整的乐章。然而，我所关注的并非只是调弦，我所向往的也不仅仅是音调节律。我的真正目标是用琴声来宣泄我内心复杂而难以表达的情感。在我尚不能准确地把握情感、并且用琴声与之相呼应的时候，我还不敢放手去拨弄琴弦。因此，请老师再给我一些时间，看我是否能有长进。"

过了一段时间以后，师文又去拜见他的老师师襄。

师襄问："你的琴现在弹得怎样啦?"

师文谦虚地说："稍微摸到了一点门道，请让我试弹一曲吧。"

于是，师文开始拨弄琴弦。他首先奏响了属于金音的商弦，使之发出代表八月的南吕乐律。师襄听了之后，觉得琴声裹挟着凉爽的秋风拂面而来，似乎果木都要成熟结果了。

然后，师文又拨动了属于木音的角弦，使之发出代表二月的夹钟乐律。师襄顿时觉得有温暖的春风在耳畔回荡，眼前花红柳绿，好一派春意盎然的景色。

接着，师文奏响了属于水音的羽弦，使之发出代表十一月的黄钟乐律。不一会儿，师襄就感到似乎看到了霜雪交加、江河封冻的肃杀景象。

再往下，师文叩响了属于火音的徵弦，使之发出代表五月的蕤（ruí）宾乐律。这又使师襄仿佛见到了骄阳似火、坚冰消释的景象。

在乐曲将终之际，师文又奏响了五音之首的宫弦，使之与商、角、徵、羽四弦产生和鸣。师襄霎时觉得四周皆有微风轻拂，祥云缭绕，恰似甘露从天而降，清泉于地而出。

一曲终了，早已听得如痴如醉的师襄忍不住双手抚胸，兴奋异常，当面称赞师文说："你的琴声真是太美妙了！即使是晋国师旷弹奏的清角之曲，齐国邹衍吹奏的律管之音，也无法与你这令人着迷的琴声相媲美呀！我想他们如果能来此地，一定会带上自己的琴瑟管箫，跟在你的后面当学生哩!"

感悟
gǎnwù

故事中的师文，不仅仅满足于调弦、定音、奏乐，还追求用琴声来宣泄内心复杂而难以表达的情感，正因如此，他最终奏出了美妙而令人着迷的琴声。所以，一个人追求的目标越高，自身的潜能就会被激发得越充分。没有远大目标的人，只会变得慵懒、听天由命，永远不会把握成功的契机，也永远不会取得突出的成就。

烧开一壶水的秘诀

只有删繁就简，从最近的目标开始，才会一步步走向成功。如果像故事中的青年一样，盲目"踌躇满志"，万事挂怀，只会一事无成。另外，我们也要懂得：只有不断地捡拾"柴"，才能离自己的目标越来越近，使自己的人生不断加温，最终让生命沸腾起来。

一个青年大学毕业以后，曾豪情万丈地为自己树立了许多目标，可是几年下来，他依然一事无成。于是，他苦闷无比地去找一位智者。

当他找到智者时，智者正在河边的小屋里读书。智者听完青年的倾诉，对他说："来，你先帮我烧壶开水！"

青年看了看四周，发现墙角放着一把极大的水壶，而水壶旁边有一个小火灶，可是没有柴，于是他便出去找柴。

不一会儿，青年在外面拾了一些枯枝回来，又把水壶接满，放在灶台上，然后便在灶内放了一些柴，烧起水来。可是壶太大，那捆柴烧尽了，水也没开。所以他又跑出去继续找柴，回来的时候，那壶水已经凉得差不多了。这回他学聪明了，没有急于点火，而是再次出去找了些柴。最后，由于柴准备充足，水不一会就烧开了。

智者一直在旁边看着青年的一举一动，当青年把水烧开之后，智者问道："如果没有足够的柴，你该怎样把水烧开？"

青年想了一会儿，觉得没什么好办法，只得摇了摇头。

智者微笑着说："如果没有足够的柴，就把水壶里的水倒掉一些！"

青年若有所思地点了点头。

智者接着说："你一开始踌躇满志，树立了太多的目标，就像这个大水壶装了太多的水一样，而你又没有足够的柴，所以不能把水烧开。要想把水烧开，你或者倒出一些水，或者先去准备足够的柴！"

青年恍然大悟。回去后，他重新整理了自己之前所列的目标，去掉了许多，只留下几个近期目标，同时，还利用业余时间学习各种专业知识。几年后，青年的目标基本上都实现了。

第 3 章

放宽心态——以纯美的灵魂对待生活

　　拿破仑说：一个人能否成功，关键在于他的心态。成功人士与失败人士的差别在于成功人士有积极的心态，而失败人士则是消极的心态。

　　一位哲人说：你的心态就是你真正的主人。

　　一位伟人说：要么你去驾驭生命，要么是生命驾驭你。你的心态决定谁是坐骑，谁是骑师。

　　的确，心态能使我们成功，同样，心态亦能让我们失败。心态能左右我们的一切。要想改变世界就得先改变我们自己。改变自己的最好方法是拥有积极健康的心态，抛弃那些消极危险的心态，将自己的弱势变为优势，或将自己的优势充分发挥。

虽任低职，可女孩依然以平和的心态兢兢业业。锥处囊中总会显露锋芒，即使金没沙砾也掩饰不住本身灿烂的光华，我们坚信，是金子总要发光！如果你定的目标是期末考高分，就不要觉得平日的练习烦心。脚踏实地地以积极心态面对我们的工作、学习，耐心地迎接每一次挑战，还怕没有机会实现梦想吗？

学习上也如此，你可以去感激，也可以去抱怨，比如考试失败了，你可以说："失败是成功之母！"亦可认为："自己很倒霉，老失败。"抱怨太多只能生活在烦恼之中，而对此感激，心中会充满着阳光。

是金子总要发光

一位读自考的女孩毕业了，她很想找一份能施展自己才华的工作。一天，她去一家外贸公司应聘经理秘书。女孩很幸运，被录用了。但是，女孩去公司上班的第一天，公司却给她安排了一个行政部文员的职位。女孩觉得有点意外，她想了一下，觉得只要自己耐心做好文员的工作，一样很好。于是，她开始上班了。

女孩的工作很琐碎，主要是负责接待客人和复印、打印等。同事们总是把一些需要复印和打印的文件一股脑儿堆在女孩的桌子上，然后告诉她哪些需要复印、哪些需要打印、每种各需要多少份。每次女孩总是耐心地记录着各种要求，然后仔细地做，并把资料送到同事手中。

有好几次，女孩的认真检查避免了公司的损失。因此，后来女孩真的被提拔为经理秘书了。有人问她为什么那么快就能被提拔为经理秘书，女孩是这样对人说的："工作虽然简单，但是只要有超凡的耐心和细心，就会取得成功。"

幸运的罗斯福总统

罗斯福是美国历史上最伟大的总统之一。一次，罗斯福家中被盗，许多东西都被偷了，一位朋友闻讯后，忙写信安慰他。没想到罗斯福给朋友回了一封这样的信："亲爱的朋友，谢谢你来信安慰我，我现在很平安。感谢上帝，因为：第一，贼偷去的是我的东西，而没有伤害我的生命；第二，贼只偷去我的部分东西，而不是全部；第三，最值得庆幸的是，做贼的是他，而不是我。"

朋友看了信感到很惊讶同时也深深佩服罗斯福，对任何一个人来说，失窃绝对是不幸的事，而罗斯福却找出了心存感激的三条理由。用平静的心态来看待生活，不因琐事而烦躁，展现了一个伟人的胸襟、气度。

狂妄自大的祢衡

祢衡是三国时期一个很有文才、在社会上很有名气的人。但是，他恃才傲物，除了自己，不把任何人放在眼里。祢衡所处的时代，各类人才很多，但他目中无人，经常说除了孔融和杨修，"余子碌碌，莫足数也"。即使是对孔融和杨修，他也并不很尊重。祢衡29岁的时候，孔融已经40岁了，他都常常称他们为"大儿孔文举（即孔融），小儿杨德祖（即杨修）"。

虽然祢衡对孔融也有点不敬，但孔融看他是一个有才华的人，就向曹操推荐祢衡，曹操对祢衡也有耳闻，于是就见了祢衡。见面之后，曹操并没有立即让祢衡坐下。祢衡仰天长叹："天地这么大，怎么就没有一个人！"

曹操说："我手下有几十个人，都是当今的英雄，你怎么说没人？"

祢衡说："请讲。"

曹操说："荀彧、荀攸、郭嘉、程昱机深智远，就是汉高祖时候的萧何、陈平也比不了；张辽、许褚、李典、乐进勇猛无敌，就是古代猛将岑彭、马武也赶不上；还有从事吕虔、满宠，先锋于禁、徐晃；又有夏侯这样的奇才，曹子孝这样的人间福将。怎么说没人？"

祢衡笑着说："您错了！这些人我都认识，荀彧可以让他去吊丧问疾，荀攸可以让他去看守坟墓，程昱可以让他去关门闭户，郭嘉可以让他读词念赋，张辽可以让他击鼓鸣金，许褚可以让他牧羊放马，乐进可以让他朗读诏书，李典可以让他传送书信，吕虔可以让他磨刀铸剑，满宠可以让他喝酒吃糟，于

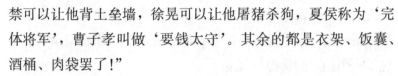

感悟
ganwu

有些人总以为自己很了不起，所以瞧不起别人。在说话办事时，他们目中无人、狂妄自大，就如故事中的祢衡。这样的人，迟早会自食其果。山外有山，人外有人，面对工作、学习，保持一颗平常心是很重要的。

禁可以让他背土垒墙，徐晃可以让他屠猪杀狗，夏侯称为'完体将军'，曹子孝叫做'要钱太守'。其余的都是衣架、饭囊、酒桶、肉袋罢了！"

曹操听了勃然大怒，说："你敢如此口出狂言？你有什么能耐？"

祢衡说："天文地理，无所不通，三教九流，无所不晓；上可以让皇帝成为尧、舜，下可以跟孔子、颜回媲美。怎能与凡夫俗子相提并论！"

这时，张辽在旁边，拔出剑要杀祢衡，曹操阻止了张辽，悄声对他说："这人名气很大，远近闻名。要是杀了他，天下人必定说我容不得人。他自以为了不起，所以我要他任教吏，以便侮辱他。"于是曹操离席送客了，他在蓄谋着如何整整祢衡。

一天，祢衡去见曹操，曹操以为机会终于来了，他特意告诉看门人："只要祢衡到了，就立刻让他进来。"祢衡来了，他衣衫不整，还拿了一根大手杖，坐在营门外，破口大骂，使曹操侮辱祢衡的目的没能达到。

有人又对曹操说："祢衡这小子实在太狂了，把他押起来吧！"

曹操当然很生气，但考虑后还是忍住了，说："我要杀他还不容易？不过，他在外总算有一点名气。我把他送给刘表，看看结果又会怎么样吧。"就这样，曹操没有动祢衡一根毫毛，让人把他送到刘表那儿去了。

到了荆州，刘表对祢衡不但很客气，而且"文章言议，非衡不定"。但是，祢衡骄傲之习不改，多次奚落、怠慢刘表。刘表又出于和曹操一样的动机，把他送给了江夏太守黄祖。

到了江夏，黄祖也能"礼贤下士"，待祢衡很好。祢衡常常帮助黄祖起草文稿。有一次，黄祖曾经握住他的手说："大名士，大手笔！你真能体察我的心意，把我心里想要说的话全写出来啦!"

但是,后来在一条船上,祢衡又当众辱骂黄祖,说黄祖"就像庙宇里的神灵,尽管受大家的祭祀,可是一点儿也不灵验"。

黄祖下不了台,恼怒之下,把祢衡杀了。

曹操知道后暗暗高兴说:"迂腐的儒士摇唇鼓舌,自己招来杀身之祸。"

· 真正的强者丹尼斯·罗杰斯 ·

有一个男孩叫丹尼斯·罗杰斯,他上高中时,只有 1.5 米的身高,连普通标准都达不到,是一个地道的"矮子"。他的体重是 36 公斤,脊柱有些弯曲,整个上身看上去弯成一个问号的样子。对于自己的体形罗杰斯几乎灰心到了极点,他经常问自己:"我是谁? 我将来能干什么?"

由于丹尼斯身材矮小,身单力薄,学校体育队的队员们老叫他"侏儒"。他们常拿他取笑,欺负他,故意绊倒他,抢他手里的书。罗杰斯经常生活在被恐吓的阴影之中。体育课是他最难受的一门课,有竞赛的项目,哪一方都不愿要他,他常像皮球一样被踢来踢去。

一天,老师把罗杰斯叫到一边:"丹尼斯,我们决定替你转一个班,从现在起,你到特殊教育班去上课吧!"

"特教班? 可那是为残疾学生开的班呀!"丹尼斯很委屈。

"我很抱歉,"老师拍拍罗杰斯的肩膀说,"但我们是为你着想。"

放学了,伤心的罗杰斯回到家,"砰"的一声关上房门,在镜子前仔细端详自己:弯腰驼背,手臂细得可怜。他失望地倒在床上。"为什么? 为什么我会长成这样?"罗杰斯站起身来，望着父亲在院子里干活的身影发呆。父亲虽然也是小个子，但曾在军队服役过，身上肌肉发达，没人敢欺负他。我也可以让自己强壮起来的，想到这，罗杰斯暗自下了决心。

罗杰斯把自己的决心告诉了父亲，父亲很支持他，还帮助他自制了一个举重用的杠铃。从那时起，每天晚上，他都到楼下的储藏室去练习举重。一次次地，罗杰斯逐渐能举起杠铃了。他又不时往上加重量，往往一次加上5磅，他必须要拼足全部力气才能举起来。对罗杰斯来说，这不仅仅是举杠铃，这是向自我挑战。他要改变自己弱不禁风的形象。怎么办？他开始吃大量富含蛋白质的牛奶、鸡蛋等营养品，并在各种健美杂志中寻求帮助。6个月后，在罗杰斯17岁生日的这一天，他仍然只有1.52米高，40公斤体重，但他没有灰心。

罗杰斯常帮父亲干活。一天，父亲替人做船上用的帆布帐篷。他要帮父亲把一卷帆布从汽车里搬到山坡上的工场去。这卷帆布大概有6英尺长、80多公斤重。他把它扛上肩，往前迈了一步。哟！好重！但是，他不能扔下！他跌跌跄跄地爬上山坡，累得满头大汗。但是，最终他一个人把这卷帆布扛上了山坡！他惊讶不已，简直不敢相信自己的锻炼已经初见成效！

罗杰斯便做了一个实验：在杠铃上放上迄今为止能举起的重量，然后再加上额外的50磅。"不要去想你的个子，"他告诉自己，"举就是了，你能行。"他举了，居然举起来了！他知道为什么自己能举起这么重的东西了。过去，他总认为自己的个子小，越是这样，就越是限制了自己潜能的挖掘，更说不上发挥了。

从此，罗杰斯开始正规地学习举重，每天都去体育馆训练。他的肌肉增强了，力气增大了，微驼的脊背伸直了。有不少在这里锻炼的人都爱掰手腕，他也加入进去。最初，当罗杰

感悟
ganwu

别人看不起我们没关系，重要的是我们自己要肯定自己，绝不能自暴自弃，这点，罗杰斯给我们树立了榜样。只有充满信心，不断磨炼自己，让自身逐步完善壮大，才能击碎别人轻视嘲笑的目光，做生活中真正的强者。

斯在他们面前坐下的时候，他们都以嘲笑的眼光看着他。罗杰斯不理会这些，他把他们一个一个都打败了。但是，罗杰斯输给了一个叫鲍勃的人。

一天，罗杰斯在健美杂志上看见一则东海岸将举行掰手腕比赛的广告，欢迎各路精英参加。他告诉鲍勃，自己也想去参加比赛。

"想都别想，"鲍勃说，"那都是一些专业人士，他们一年到头都在训练。弄不好，你还会受伤的。"

罗杰斯不相信，他走进了东海岸掰手腕比赛的现场。罗杰斯遇到了同样轻视嘲笑的目光。然而，他打败了所有的对手。比赛结束的时候，罗杰斯成了冠军，一个真正的强者。

成败在自己手中

一年一度的电单车竞赛又开始了，全球好手都陆续涌到比赛地。那里人山人海，热闹非凡。在众多选手中，有三名不同信仰的华侨青年。

第一名相信宿命论。那是因为有一次他在竞赛时滑倒了，无论他后来如何拼搏都无法改变失败的结果。此后，每遇比赛一旦他不幸滑倒，就会自动弃权，因为他认为那是命中注定的。他将整个竞赛的成败，寄托于冥冥之中的"命运"。

第二名青年，从小就依赖父母，膜拜三国时代的关公。每次竞赛之前，他一定跟从父母到附近唐人街的一间关帝庙去烧香，向庙内的"关老爷"（乩童）询问结果。若那名乩童点头准许他参加竞赛的话，他便会有信心去参赛，否则，便放弃。至于这次参赛，他父母亲已到关帝庙询问过了，乩童很有信心地告诉他父母，这次一定可以成功地夺取冠军，他会得到关帝帮助。这名青年将整个竞赛的夺冠机会，交于一种超自然的神秘力量。

最后一名青年，是第一次参赛，他这次的参赛目的也是为了夺取冠军，以赢取美金 10 万元的奖金，好让他得重病的母亲能够得到治疗。他每天都勤奋地练习，摔倒了，又爬起来，他不断鼓励自己：我一定要得到冠军！他将这场比赛的胜利，掌握在自己手中。

不久，比赛开始了。一听到比赛开始的枪声，上百名选手便往前冲去。现在，让我们将注意力放在那三名年轻人身上。

第一个青年在比赛开始后不久，因路滑而跌倒，他便将电单车推到路旁，很无奈地看着许多竞争者从他的眼前驰过。"唉，这是上天的安排，有什么办法呢！"

第二名青年因有"神"的保佑而拼命地奔驰，突然，在一个转弯处，他一不留神，发生意外，人仰车翻，不省人事。当他的父母从电视上看到这种情景时，便很生气地赶到那间庙堂去责问那个乩童。乩童刚好在睡午觉，被他们的突然登门而吵醒。"关老爷，你说保佑我的儿子平安无事，一定得冠军，你看他现在已发生了意外，你到底有没有保佑他？"那青年的母亲很生气地说。乩童睡眼蒙眬地说："唉，我已尽力在帮助你的儿子，当他要跌倒时，我也尽力赶去扶助他，但他骑的是电单车，我骑的是老马，怎追得上呢？"

至于那第三名青年，他也很拼命地奔驰。一旦跌倒了，他又赶快爬起来，忍痛继续冲刺。滚滚沙尘，炎炎烈日，均无法遮盖他那颗炽热的心。由于他将成败掌握在自己手中，终于夺得了冠军。

弗洛姆的答案

美国有一位著名的心理学家叫弗洛姆，他为人很谦和，学生们有什么问题都愿意和他讨论。

一天，他的几个学生向他请教"心态对一个人会产生怎样的影响"，他微微一笑，说："你们先跟我去一个地方，一会儿我再回答你们这个问题。"

于是，他把学生们带到了一个黑暗的屋子里。这个屋子学生们都没有进去过，他们只是听说弗洛姆在这里做着一个危险的实验。这次弗洛姆亲自带他们来到这间屋子，让他们感到十分紧张。在弗洛姆的引导下，学生们很快就穿过了这个伸手不见五指的房间。

接着，弗洛姆打开了房间里的一盏灯，在微弱的灯光下，学生们看到房间的布置，不禁吓出了一身冷汗。原来，屋子的地面上有一个很大、很深的池子，如果有人掉了下去而没有外力的帮助是绝对出不来的。更可怕的是，池子里蠕动着各种毒蛇，包括一条大蟒蛇和三条眼镜蛇，好几条毒蛇正高昂着头，朝他们"咝咝"地吐着信子，而就在这蛇池的上方，搭着一座很窄的木桥，他们刚才就是从这座木桥上走过来的。

弗洛姆看着学生们，问："现在，你们谁还愿意再次走过这座桥?"大家你看看我，我看看你，都不作声。过了片刻，终于有三个学生犹犹豫豫地站了出来。第一个学生走上木桥后异常小心地挪动着双脚，速度比第一次慢了好多；第二个学生战战兢兢地踩在木桥上，身子不由自主地颤抖着，才走到一半，就挺不住了；第三个学生干脆弯下身来，慢慢地趴在小桥上爬了过去。

于是，弗洛姆又打开了房间内的另外几盏灯，强烈的灯光

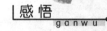

其实，我们的人生之路就好比故事中的木桥，在人生的木桥上，我们会遇到各种艰难险阻，如果我们能够及时调整心态，积极面对，专心走好自己脚下的路，也许就能更快地到达目的地。

一下子把整个房间照得如同白昼。学生们揉揉眼睛，又仔细地看了看，发现在独木桥的下方装着一道安全网，网线的颜色极暗，所以他们刚才都没有看出来。

弗洛姆又大声问："现在，你们当中还有谁愿意走过这座桥？"学生们依然没有作声，"你们为什么不愿意呢？"弗洛姆问道。"这张安全网的质量可靠吗？"有个学生心有余悸地反问。

弗洛姆笑了，说："事实上，这座桥本来不难走，可是桥下的毒蛇对你们造成了心理威慑，于是，你们就失去了平静的心态，乱了方寸，慌了手脚，表现出各种程度的胆怯，即使看清楚了木桥的构造，也依然会有各种担心。那么，现在你们知道我的答案了吧？"

风光的老鼠

一只猫饱餐了一顿后就呼呼睡着了，鼻子上还沾着奶油，散发着香味。这时一只饥肠辘辘的老鼠，正在觅食，突然它闻到了奶油的香味，老鼠循着奶油香味跑过去，它来不及看清周围的情况，莽莽撞撞张开嘴就咬，"哎哟！"一声惨叫，被疼痛惊醒的猫，不知道怎么回事，就吓得逃之夭夭了。后来这个消息传开，这位莽撞老鼠在鼠国家喻户晓，它被同伴们视为无畏的勇士，于是它便成了鼠类的骄傲。

"您为我们出了一口气，以前我们只见鼠逃走的事，今天竟然是猫逃走了。这在我们鼠类历史上还是第一次，您将永垂不朽。"老鼠国的所有成员都夸奖它说。

从此，无论这位鼠英雄走到哪里，哪里都有鲜花和欢呼围绕，就这样，这位英雄也慢慢地相信自己真的是猫的克星，不知不觉就变得趾高气扬起来。

谁知没过多长时间，这只鼠勇士又碰上了那只倒霉的猫，它暗自高兴，以为这次又可以大显身手了，再给猫一个重创，抓瞎它的眼睛，用更大的胜利赢得更高的荣誉与尊敬。可是它怎么也没料到，自己怎能是猫的对手？被咬过的猫这回也精明起来了，老鼠这次不仅没逮着便宜，反而被对方咬得遍体鳞伤，尾巴也被咬掉半截。若不是侥幸凭借一点机灵，险些丢掉了性命。

这倒霉的消息也不胫而走，又轰动了整个鼠国。这次大家却不是用鲜花和欢呼迎接它，取而代之的是铺天盖地的咒骂和唾沫："懦夫！小丑！真是丢脸！……"往日的英雄再没有人理睬，走路也得藏着半截尾巴，低着脑袋。

性格迥异的双胞胎

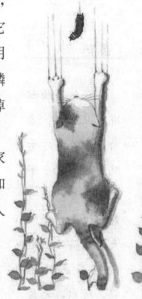

有一对性格迥异的双胞胎，哥哥遇事就往坏的方面想，是彻头彻尾的悲观主义者；而弟弟凡事都积极地面对，是个天生的乐天派。

在他们八岁那年的圣诞节前夕，家里人希望改变他们极端的性格，就专门为他们准备了不同的礼物：给哥哥的礼物，是一辆崭新的自行车；给弟弟的礼物，则是满满一盒的马粪。

拆礼物的时刻到了，所有人都紧张地等着看他们的反应。

哥哥先拆开了属于他的那个巨大的盒子，家里人本来都期待着看到哥哥惊喜万分的样子，可是哥哥竟然哭了起来，并且大声嚷道："你们知道我不会骑自行车的！而且现在外面还下着这么大的雪呢！"家里人一下子被他的反应弄得不知所措，正当父母手忙脚乱地哄他高兴的时候，弟弟好奇地打开了属于他的那个盒子——房间里顿时充满了一股马粪的味道。可是出乎所有人的意料，弟弟竟然欢呼了一声，然后就兴致勃勃地东

感 悟
ganwu

这个世界上就是有这样两种人：一种是在艳阳高照的时候也会担心下雨的人，另一种是在狂风暴雨时也会高唱"阳光总在风雨后"的人。如果能始终有一颗乐观、积极的心，就能永远追随希望之光，实现成功之梦！

张西望起来，还异常欢乐地说："快告诉我，你们把马藏在哪儿了？"

一块砖头，两种命运

有一个年轻人叫罗尼，他在一次意外中因误伤他人被判入狱5年，他的女友因此要跟他分手，罗尼很爱那个女孩，想再见她一面。可是自己身在监狱中，于是他开始暗暗琢磨逃跑计划。他把监狱观察了很久，决定在墙上动手脚，于是，他偷偷地用勺子挖墙上的一块砖，一个多月过去了，他终于把砖块掏空了一半。

一天，狱警卡托例行检查的时候，无意中发现了这个秘密，当时他没有揭穿此事，而是小声地对罗尼说："你知道墙那边是什么吗？"

罗尼战战兢兢地回答："外……外面是自由……"

卡托微微一笑："傻瓜，外边是死刑室。"

很快，卡托给罗尼换了一间囚室，从此罗尼再没有动过逃跑的念头。5年后，罗尼出狱了，他开了一家小咖啡馆，日子过得挺富足。

这天，罗尼在咖啡馆里忙活，一个穿着体面但神情沮丧的男子走了进来，要了一杯威士忌。当罗尼把威士忌端给他的时候，突然惊呼起来："卡托警官，是你吗？"

那名男子愣了一下，显然已经认不出罗尼了。"我是罗尼啊！"罗尼兴奋地说。卡托喝了一口酒，慢慢地记起来了。"谢谢你当年没有揭穿我挖砖的事，要不然我现在可能还在监狱里蹲着呢！"罗尼感激地说。

"祝贺你获得了新生！可是，因为那块砖，我却要进监狱了。"卡托沮丧地说。

罗尼大吃一惊，赶紧问："怎么回事？"

卡托面无表情地说出了事情的原委。

原来，当年卡托给罗尼换了牢房，并没有将砖头补上。后来他因为经济上的麻烦，每次等新搬进去的犯人一动那块砖，他就暗示他们贿赂自己，不然就背上越狱的罪名。一次、两次、三次……

卡托说："知道我今天为什么穿得这么体面吗？因为下午我就要上法庭了。"

他一口喝尽杯中剩下的酒，叹息道："一块砖头，两种命运。这可真有意思，不是吗？"

瓦伦达的悲剧

瓦伦达是美国一个著名的高空走钢丝表演者，以稳健、高超的演技闻名，在之前的表演生涯中，他从未出现过失误。所以，在一次十分重大的演出中，主办方邀他上场献技。

瓦伦达深知这次演出的重要性，因为全场都是美国各界的知名人物，如果他能表演成功，不仅可以奠定自己在演技界的地位，还会给演技团带来前所未有的支持和利益；但是一旦他表演失败了，后果将不堪设想。所以他在演出前几天就一直仔细琢磨每一个动作、每一个细节，设想了各种可能发生的意外及应急措施。

很快，演出开始了，这一次他像往常一样，没有使用保险绳。虽然已经表演过很多次了，可是他依然非常紧张，他一直觉得这次表演非同寻常，事关重大。结果，意想不到的事情发生了：他刚刚走到钢索中间，仅仅做了两个难度并不大的动作，就从高空中摔了下来，一命呜呼。

事后，瓦伦达的妻子说："我知道这次一定要出事。因为

感 悟
ganwu

故事中瓦伦达的悲剧完全是由他的患得患失之心造成的，其实，事物的法则就是这样：如果你太注重成功或失败，结果往往会失败。如果你只注重事物本身的特点及规律，并且有一颗"平常心"，反而可能达到意想不到的效果。

他上场前就不停地在说：'这次太重要了，不能失败，绝不能失败。'但以前的每次表演，他只是想着走钢丝这件事本身，而不去管这件事可能带来的一切，所以都成功了……"

这是件好事

感悟
ganwu

塞翁失马，焉知非福。好事当中，有坏的因子；坏事当中，有好的契机。就像故事中的那位智慧大臣一样，不以物喜，不以己悲。无论遇到什么事情，只要保持积极的心态，一切都会苦尽甘来。

很久以前，一位国王的手下有一位智慧大臣，大臣看问题很透彻，给国王出谋划策，协助国王治理国家，使国家繁荣昌盛，国王对这位大臣非常信任。只是有一点对大臣不满，因为这位大臣有一个口头禅："很好，这是件好事。"很多场合他都会说这句话。

有一天，国王在擦拭宝剑时，不小心将自己左手的小指头割断了，智慧大臣闻讯赶到皇宫。看到国王正在包扎鲜血淋漓的左手，智慧大臣的口头禅又来了："很好，这是件好事。"国王的伤口正疼得厉害，闻言顿时大怒，下令将他关进大牢。智慧大臣仍然说："很好，这是件好事。"

几个月后，国王到森林里狩猎，由于国王着迷于追逐一只羚羊，无意间竟然穿越了国界，进入了食人族的地盘。食人族将国王及随从的大臣全都抓了起来，见到国王服饰华丽，巫师便决定用国王来祭献。正要举行祭礼的时候，巫师突然发现国王左手少了一根小指头。根据食人族的规矩，肢体不健全的人是不能用来献给祖先的。当下酋长大怒，将国王逐了出去。而那些跟随的大臣，一个也没有活着回来。

九死一生的国王回到宫中，想起了智慧大臣的话，连忙下令将他从牢里释放出来。国王深觉在他割断小指头时，智慧大臣所说的话颇有道理，并为了这几个月的冤屈向他道歉。智慧大臣还是那句口头禅："很好，这是件好事。"

国王说："你说我少了小指头是件好事，我相信。但是我关了你这么久，让你受了这么多苦，难道对你也是件好事?"智慧大臣笑着点点头："当然是件好事! 如果我不是在牢里，一定会陪您去打猎，那么我今天就回不来了。"国王听了，觉得智慧大臣真不愧是忠臣，从此国王再也不反对他说那句口头禅了。

驯兽师和老虎

在电视上我们经常能看到孟加拉虎的表演，这是一个深受观众喜爱的节目。这样精彩的节目，是驯兽师们花很大的精力和心血换来的，其中曾有过这样一个故事。

一天晚上，驯兽师像往常一样演出。在众人瞩目之下，他领着几只老虎进入铁笼子，然后将门锁上，观众紧张地注视着聚光灯下的铁笼子，看驯兽师如何潇洒地挥舞鞭子、发号施令，看威武的老虎如何服服帖帖做出各种杂耍动作。

演出越来越精彩，可是就在这时，糟糕的事情发生了：现场突然停电! 驯兽师没法出来，只能被迫待在兽笼里与凶猛的老虎为伍。黑暗中双眼放光的孟加拉虎近在咫尺，而他却看不到它们，只有一根鞭子和一把小椅子可作防身之用。在长达近一分钟的时间里，观众的心情忐忑不安，都为笼子里的驯兽师担忧。然而，在灯重新亮了以后，大家惊喜地发现驯兽师安然无恙，之后他平静地将整个演出完成。

演出结束后，人们问他当时是否害怕老虎会朝他扑过来。驯兽师说，一开始自己确实感到毛骨悚然，但他马上就镇静下来，因为他意识到了一个非常重要的事实：虽然他看不见老虎，但老虎并不知道这一点。"所以，我只需像往常一样，不时地挥动鞭子、吆喝，就当什么事也没发生一样，不让老虎觉得我看不到它们。"

感悟 ganwu

在人生的道路上，某些危险会和我们不期而遇，在这种情况下，千万不能惊慌失措。我们需要做的只是冷静下来，像往常一样，保持一颗平常心，往往就会化险为夷。

第二组之所以完成了不可能的运动是因为他们相信自己。大部分人失败的原因是他们错误地判断自己的能力，低估了自己的价值。如有的同学经常觉得自己能力差，这个不行，那个不行，于是很自卑，心情很糟糕，从而就丧失了面对困难的勇气。

别低估自己的价值

心理学家在一所著名的大学中选了一些运动员做实验。他们要这些运动员做一些别人无法做到的运动，还告诉他们，由于他们是国内最好的运动员，因此他们能做到。

这些运动员被分成两组进行。第一组到了体育馆后，虽然尽力去做，但还是做不到。

第二组到体育馆后，心理学家告诉他们第一组失败了，组员们听了有点担心。

"但你们这一组不同。"心理学家鼓励说，"把这个药丸吃下去，这是一种新药，会提高你们的能力。"

第二组的队员们把药吃下去了，他们充满自信地去完成任务，结果第二组运动员很容易就完成了那些困难的练习。

过后参加者问道："那是什么药丸？"

"不过是粉末而已。"心理学家说。

未被失败吓跑的林肯

林肯是美国历史上一个伟大的人物，他的故事一直以来激励着许多人，最令人佩服的是他面对失败的态度。

林肯出生在肯塔基州哈丁县一个伐木工人的家庭，迫于生计，他先后干过店员、村邮递员、测量员和劈栅栏木条等多种工作。1832年，林肯失业了，这使他很伤心，但他下决心要当政治家，当州议员。糟糕的是，他竞选失败了。在一年里遭受两次打击，这对他来说无疑是痛苦的。接着，林肯着手开办企业，可一年不到，这家企业又倒闭了。在以后的17年间，他不得不为偿还企业倒闭时所欠的债务而到处奔波，历尽磨难。随后，林肯再一次决定参加竞选州议员，这次他成功了。

他内心萌发了一丝希望，认为自己的生活有了转机："可能我可以成功了！"然而不幸正在悄悄地降临。

1835年，他订婚了。但离结婚还差几个月的时候，未婚妻不幸去世。这对他精神上的打击实在太大了，他心力交瘁，数月卧床不起。1836年，他得了神经衰弱症。1838年，林肯觉得身体状况慢慢恢复了，于是决定竞选州议会议长，可他失败了。1843年，他又参加竞选美国国会议员，这次仍然没有成功。

林肯虽然一次次地尝试，但却是一次次地遭受失败：企业倒闭、未婚妻去世、竞选败北。要是你碰到这一切，会不会放弃这些对你来说是重要的事情？

林肯有执著的性格，他没有放弃，也没有说："要是失败会怎样？"1846年，他又一次参加竞选国会议员，最后终于当选了。两年任期很快过去，他决定要争取连任。他认为自己作为国会议员表现是出色的，相信选民会继续选他。但结果很遗憾，他落选了。因为这次竞选他赔了一大笔钱，林肯申请当本州的土地官员。但州政府把他的申请退了回来，上面指出："做本州的土地官员要求有卓越的才能和超常的智力，你的申请未能满足这些要求。"

接连又是两次失败。

这一切失败并没有使林肯服输。1854年，他竞选参议员，失败了；两年后他竞选美国副总统提名，结果被对手击败；又过了两年，他再一次竞选参议员，还是失败了。

林肯尝试了11次，可只成功了两次，他一直没有放弃自己的追求，他一直在做自己生活的主宰。也就是说，他没有被失败吓跑。

1860年，林肯终于当选为美国总统，成了美国人民心中伟大的领袖。

感悟 *ganwu*

在通往成功的道路上，谁都不可能一帆风顺，甚至会遭遇多次失败。失败之所以会成为失败，是因为被失败吓跑了；成功之所以会成为成功，是因为吓跑了失败。有着积极心态的人，会在重重压力下逆流而上，恪守初衷，始终坚持不放弃，直到最后的成功。

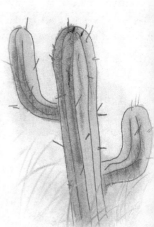

要做就做最好。具有积极心态的人，无论在什么条件下都能最大限度地发挥自己的作用。敷衍的态度不仅会助长自己的散漫，也会让别人失望；认真对待每一件事，既能锻炼自己的品质，也会让其他人对我们更有信心。

艾伦的成功经验

艾伦·纽哈斯这个从每周赚1美元的卖肉伙计，跃升为年薪1 500万美元的超级企业总裁，拥有"美国新闻界最胆大妄为的人"的美誉。他创办了《今日美国》，并博得了令全美同行瞠目结舌的巨大成功。艾伦取得的巨大成功跟他从小养成的良好习惯是分不开的。

艾伦9岁的时候，生活在南达科他州祖父的农场里。暑假时，祖父告诉他，如果他想要额外的零用钱，可以在农场里做点活儿来换。艾伦很高兴，他喜欢骑马放牧。可是祖父说只有一件事还需要人手——赤手捡牧场上的牛粪饼。这样脏的活一般的孩子都不愿意干，艾伦也有点不情愿，可为了赚零用钱买他心爱的玩具他还是很认真地做好了。

一段时间后，艾伦的祖母开车来学校接他回家，对他说："艾伦啊，祖父就要把你想要的新工作交给你了。你会拥有自己的马匹去放牧，因为去年夏天你捡牛粪时表现得极为出色。"这是艾伦在工作上得到的第一次提升，他开心极了。一个小小的信念也从此在他心中生根发芽。

后来，艾伦得到了肉铺帮工的工作，每星期挣1美元。这活儿仍然恶心，但是他的想法很简单：先做好，一定会得到提升的，然后就能摆脱这份工作了，果然，他后来成了年薪1 500多万美元的首席执行官。再后来，艾伦·纽哈斯开始掌控全美读者最广、影响力最大的报纸——《今日美国》。

当人们问起他成功的经验时，艾伦只感叹了一句："即使你干的是一件恶心的活儿，只要你认真干下去，而且尽量干好，你十有八九会得到提升，以后就不用再干那样的活儿了，这比当个无用的人无所作为地混下去强得多。"

别总是盯着杯子

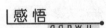

一次，我和几个同学去拜访小学时的老师，老师问我们现在怎么样，一句话勾出了大家的满腹牢骚。大家纷纷述说着各种不如意：学习压力大呀，生活烦恼多呀……一时间，大家仿佛都成了上帝的弃儿。

老师笑而不语，从房间里拿出了许许多多的杯子，摆在茶几上，这些杯子各式各样，有瓷的，有玻璃的，有塑料的，有的看起来高贵典雅，有的看起来简陋低廉……老师说："你们都是我的学生，我就不把你们当客人看待了，你们要是渴了，就自己倒水喝吧！"

我们当时已经说得口干舌燥了，便纷纷拿了自己中意的杯子倒水喝。等我们手里都端了一杯水时，老师讲话了，他指着茶几上剩余的杯子说："大家有没有发现，你们挑选的杯子都是最好看、最别致的，而这些普通的塑料杯子却是无人问津。"我们听了老师的话，并不觉得奇怪，因为谁都希望自己手里拿着的是一只好看的杯子。

可是老师接下来的话，却让我们深深反思，他说："这就是你们烦恼的根源，大家需要的是水，而不是杯子，但你们总会有意无意地去选用好的杯子，其实，如果生活是水的话，那么工作、金钱、地位这些东西就是杯子，它们只是我们用来盛起生活之水的工具，杯子的好坏，并不能影响水的质量，如果把心思都花在杯子上，你们哪有心情去品尝水的甘甜？所以，别总是盯着杯子！"

感悟 ganwu

只有抛去那些华而不实的杯子，我们才能听到心灵深处"水"在流动的声音。所以，我们在做任何事的时候，都要摆正心态，明确自己想要追求的到底是什么，尽量丢掉那些让自己感到沉重却没有实际意义的包袱。

苏秦合纵

苏秦第一次出山失败后，连家人都看不起他，可是他并没有灰心，而是继续苦读三年，凭借"头悬梁，锥刺股"的刻苦精神和积极的心态终于取得了成功，成为著名的雄辩家。所以，不管此刻我们处在怎样的情况中，学会乐观看待遇到的每一件事，前方就是一片晴空。

苏秦是战国时期著名的纵横家，学识渊博，极富辩才，曾得到燕、赵、韩、魏、楚、齐六国国君的赏识，被这六个国家同时拜为丞相，真正是前所未有。但他的游说之路并非一帆风顺，而是充满坎坷。

苏秦很小的时候就拜鬼谷子为师。鬼谷子是一个极富传奇色彩的大学问家，他见苏秦机智过人，除了教他各种学问以外，主要传授他论辩之术。几年后，苏秦认为学有所成，便离开老师，告别了父母妻子，开始了周游列国之路。

他先到了秦国，希望能说服秦国国君称王图霸、一统天下。但秦国国君并没有听取他的意见。恰在这时，苏秦又遇到了强盗，身上的财物被洗劫一空。一个人身在异国他乡，举目无亲，苏秦只好决定先回家再说。但是，因为他身无分文，所以只好一路乞讨，吃尽了世间的辛酸苦辣。

他经过艰苦跋涉，终于回到家，家里人看到他趿拉着草鞋，挑副破担子，一副狼狈样。父母狠狠地骂了他一顿；妻子坐在织机上织帛，连看也没看他一眼；他求嫂子给他做饭吃，嫂子不理他扭身走开了。苏秦受了很大刺激，决心争一口气。从此以后，他发愤读书，钻研兵法，天天到深夜。有时候读书读到半夜，又累又困，他就用锥子扎自己的大腿，虽然很疼，但精神却来了，他就接着读下去。传说，他晚上念书的时候还把头发用带子系起来拴到房梁上，一打瞌睡，头向下栽时，揪得头皮疼，他就清醒过来了，就这样，他又苦学了三年。

第二次出山时，苏秦的学问已今非昔比。他先后去了燕、赵、魏、韩、楚、齐六国，希望六国联合起来，一起对抗秦国。当时的秦国已经对六国构成了严重威胁，六国国君见苏秦说的话铿锵有力，无可辩驳，便纷纷赞成。就这样，六国开始合纵，战国的历史又开始上演崭新的一幕。因为苏秦的功劳最大，又是合纵的核心，六国便一起拜苏秦为丞相，向苏秦授丞相金印。

狮子与野牛

森林里，一头饥饿的狮子正在寻找食物，当它发现了一群正在吃草的野牛时，狮子像看到了救命稻草，两眼放光，狡猾的狮子塌腰沉背，借助青草的掩护，悄悄地向野牛靠近。狮子离野牛越来越近，野牛们却丝毫没有感觉到危险，仍悠然地啃食着青草。狮子进入了捕捉范围，它一跃而起，箭一般射向野牛群。野牛惊慌奔逃。狮子紧追着一头还未长大的野牛。野牛拼命奔逃着，每当狮子要追上它时便拐个弯，就可和狮子拉开一段距离。可没多久，野牛就体力不支了。狮子和野牛的距离在不断缩小。突然，野牛刹住脚，猛转过身，将锋利的犄角对准了狮子。狮子也停下了脚步，左右试探着寻找进攻的机会，可野牛的犄角始终对着它。狮子和野牛对峙着，僵持着。突然，野牛向前迈进了一步，狮子竟后退了一步，并仰躺下，四脚朝天，宛如一只小猫，只是眯起的眼睛仍牢牢盯着野牛。狮子的"懦弱"让野牛顿生豪气，野牛用犄角猛扎着躺在地上的狮子，但是狮子的血口利齿已紧咬在野牛的喉咙上，威猛进攻的野牛硕壮的身体慢慢倒了下去，没有丝毫挣扎。

父亲给他的"安慰奖"

泰迪有一枚父亲给他的小钱，那是父亲给他的"安慰奖"——泰迪试图把他斧子上的缺口磨平，但失败了。

磨斧子并不纯粹是为了做着玩的。爸爸需要把斧子磨快，用它劈柴生火。那时，泰迪一家在弗蒙特州租了个年代久远的

81

感悟
gǎnwù

成功的人士并不是不会遇到失败和挫折，但他们往往能想得开，调整好心态从自己所受到的挫折中汲取力量。有的同学建立改错本，从错误中总结经验吸取教训，使自己不会在跌倒的地方跌第二次。失败能比成功给我们更多的教益。处逆境，我们日后才能兴旺发达；遭挫折，我们才懂得奋勇向前。

农场，以远离布鲁克林闷热的街道。当时他的爸爸是那里卫理公会的牧师。

泰迪沮丧地凝视着这1分钱。

"别泄气，孩子，"父亲说，"我看你干得不错。"

泰迪没有说话。

"看你手里的小钱，"他说，"你知道那上面是谁的头像吗？"

"知道，是亚伯拉罕·林肯。"

"对。他也碰到过无数的挫折。不过，他没有因此一蹶不振。"

爸爸面带微笑，继续说着，似乎在讲解他的"初级教义"。泰迪的哥哥、8岁的迈克尔坐在一棵白桦树桩上，泰迪站在旁边。

爸爸问关于林肯他们知道些什么。泰迪能说的只有这个伟人出生在一间小木屋里，而且常常爱借着火光读书。迈克尔知道得多些：林肯解放了奴隶，拯救了合众国，并且为了他的理想，在耶稣被害的同一天——倒霉的星期五，遭人枪杀。

"一点儿不错，"爸爸说，"但你们是否知道林肯经营过杂货铺，破了产，并且因此而负债累累？是否知道他两次竞选参议员均遭败绩？事实上，他一生坎坷，历经挫折。然而，又有几个人的一生能比他更顺利呢？重要的是，林肯不失为一个有志者，他有坚忍不拔的毅力。这一点正是你们现在就应该具有的品格。泰迪，毅力，意味着一种沉着而耐心地承受不幸的力量。"

然后，出乎意料地，父亲在他的说教中讲了一段令人难以忘怀的话，这段话从此深深地铭刻在泰迪的心头。"林肯在精神上和体格上都是一个非常伟大的人物，"爸爸说，"你们知道，他身高6英尺4英寸！"他走到后门廊一张他准备讲稿和写信的书桌前，取出一支削尖的铅笔。"来，孩子们，我给你们看他有多高。"

他指着一根门廊柱子。"泰迪，你先来。"6岁的泰迪，把躯干伸直，贴在柱子上。只觉得铅笔在自己头上擦过，爸爸画

了一条线，表示泰迪的高度，他把泰迪名字的首写字母 T 和日期写在线的上方。又叫过迈克尔，也给他画了一条线，注上 M。然后，他又画出自己的身高，5 英尺 8 英寸，并且标明 V。

接着，他用木工折尺在漆得雪白的柱子上高高地画了一条线，并用印刷体写上"亚伯拉罕·林肯——6 英尺 4 英寸"。

爸爸又给他们讲了一些有关林肯的故事：从一个喜欢逗趣的底层船工、魁梧健壮的锯木者、土地勘测员，到无师自通的律师、演说家，以及最终成为深谋远虑的总统。

每当泰迪碰到困难想放弃时，父亲给他的"安慰奖"就会浮现在眼前，父亲所给他讲的林肯的故事也会回响在耳边，此时他会鼓起勇气，笑对困难。

10年记载"不"的日记

著名的电磁感应原理是法拉第的一项重要成果，这项成果的取得凝聚了法拉第 10 年的心血。

在伦敦的一家科学档案馆里，陈列着法拉第写了 10 年的一本日记。日记里记的就是他 10 年来实验的经历，这是一本非常奇特的日记：

第一页上写着："对！必须转磁为电。"

以后，每一天的日记除了写上日期之外，都是写着同样一个词"No"。从 1822 年直到 1831 年，整整 10 年，每篇日记都如此。

只是在这本日记的最后一页，才改写上了一个新词"Yes"。

这是怎么回事？

原来，1820 年丹麦物理学家奥斯特发现：金属线通电后可以使附近的磁针转动。这引起法拉第的深思：既然电流能产生磁，那么磁能否产生电流呢？法拉第决心研究磁能否生电的课题，并用实验来回答。

10 年过去了，经过"实验—失败—再实验"……法拉第终于成功了。他在历史上第一次用实验证实了磁也可以生电，

这就是著名的电磁感应原理。这个著名的原理，导致了发电机的诞生。

法拉第在这本写了长达10年的日记中，真实地记录了他不断失败和最后获得成功的过程。那一天一天所写的"No"，就是一次一次的失败；那最后一天所写的"Yes"，就是实验的最终成功。

不生气的秘诀

感悟
ganwu

生命很短暂，要做的事情很多，不应该把大量宝贵的光阴浪费在生气上。碰到不开心的事，要调整好心态，比如找朋友聊天、听音乐或运动等，及时从不良情绪中解脱出来，战胜自我。

古时候，有一个叫爱地巴的人，他一生气就跑回家去，然后绕自己的房子和土地跑三圈。后来，他的房子越来越大，土地也越来越多，而一生气时，他仍要绕着房子和土地跑三圈，哪怕累得气喘吁吁，汗流浃背。

孙子问他说："阿公，你生气时为什么要绕着房子和土地跑呢？"

爱地巴对孙子说："那是我消气的方式，我边跑边想——自己的房子这么小，土地这么少，哪有时间和精力去跟别人生气呢？一想到这里，我的气就消了，也就有了更多的时间和精力来工作和学习了。"

孙子又问他说："阿公，成了富人后，您为什么还要绕着房子和土地跑呢？"

爱地巴笑着说："边跑我就边想啊——我房子这么大，土地这么多，我何必和人计较呢？一想到这里，我的气也就消了。"

不管去哪里，我都可以同女儿在一起

有一个年轻人乘船去英国，不幸在途中遇到风暴。船上的很多人都惊慌失措，大呼小叫。然而，他却看到一位老太太非常平静地在祷告，神情十分安详，好像什么也没有发生一样。

等到风浪过去，年轻人好奇地问这位老太太说："风暴来临的时候您为什么一点儿都不害怕？"

老太太回答道："我有两个女儿，大女儿已经被上帝接走，回到天堂；二女儿还住在英国。刚才风浪大作的时候，我向上帝祷告：如果接我回天堂，我就去看大女儿，如果留住我的性命，我就去看二女儿。不管去哪里我都可以同最心爱的女儿在一起，我还害怕什么呢？"

带刺的玫瑰

国王有一个美丽的小公主，她是国王的掌上明珠，国王用尽一切办法来满足小公主的要求。小公主很喜欢花，她梦想拥有一个最美丽的大花园，里面种着世界上最美丽的花。小公主把自己的愿望跟国王说了，国王于是命令他的一个大臣说："你去给我建造一个花园，这个花园不要很多种花卉，只要栽满世界上最美的一种花就够了。"

大臣领了命令后，就马不停蹄地开始忙开了，他边让人大兴土木建造花园，边派使者到世界各地去选取花卉。花园很快建成了，大臣从上万种花卉里选来选去，他和很多人都认为玫瑰是这个世界上最美的花朵。于是，他找来成千上万的花匠，吩咐他们在花园中遍种玫瑰，并且，按照花色品种栽植，图案、甬道、亭榭都设计得巧夺天工，让参观者个个大为赞叹。花园建成，花开时节，大臣想，这么美的玫瑰，这么壮观的花园，公主看了一定会很高兴的。于是在做好准备后，大臣把国王和公主领到花园里。

谁知公主看到那些玫瑰就不高兴了："父王，这些花下都有刺，这哪里是最美丽的花呢？我不要。"说着，小公主就大闹起来。大臣忙分辩说："国王陛下，这些玫瑰虽然有刺，可它是世界上最美的花啊！"国王见公主不高兴，不等这个大臣

"祸兮，福之所倚；福兮，祸之所伏。"在不幸降临的时候，我们务必保持乐观的心态。我们左右不了外部世界，但是可以把握住自己的心态，把握住一个美丽而安宁的精神世界。

世界万事万物都有两面性，有洒满阳光的一面，也有布满阴霾的一面，就像玫瑰的每朵花下都长了刺，而每丛棘刺上都绽开着美丽的花朵一样。一切都取决于你自己的生活与心灵的视角。花朵下可以看见尖锐的刺，而在刺上，你则能看到洒满阳光的花朵。

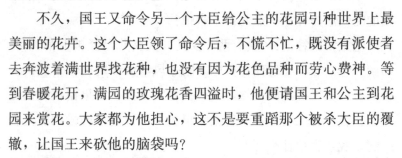

说完，便让人杀了他。

不久，国王又命令另一个大臣给公主的花园引种世界上最美丽的花卉。这个大臣领了命令后，不慌不忙，既没有派使者去奔波着满世界找花种，也没有因为花色品种而劳心费神。等到春暖花开，满园的玫瑰花香四溢时，他便请国王和公主到花园来赏花。大家都为他担心，这不是要重蹈那个被杀大臣的覆辙，让国王来砍他的脑袋吗？

当国王和公主走进玫瑰花园时，这个大臣微笑着对公主说："公主，你瞧瞧这些棘刺么美丽啊，每丛棘刺上都开着花朵。"

国王和公主一看高兴万分，赞赏地说："是啊，这些棘刺是如此美丽，每丛棘刺上都盛开着这么芬芳的花朵，这可能是世界上最美丽的棘刺，也是世界上最漂亮的花朵了。"

国王不仅丝毫没有怪罪这位大臣，见公主开心了，还给他加官晋爵。

很多人不理解，询问这位大臣说："同样是长着棘刺的玫瑰，为什么那位大臣被杀，而你反而受到赏赐呢？"这位大臣听了微笑着说："虽同是玫瑰，他让公主看到的是每朵花下都有刺，而我让公主看到的是每丛刺上都有花啊！"

· 秀才赶考 ·

从前，有一位姓张的秀才，已经参加了两次科举考试，可是都没有考中，但是他并没有放弃，这次他又和前两次一样，提前出发，找到之前住过的旅店，耐心候考。

考试前的一个晚上，张秀才做了两个梦：第一个梦是梦见自己在墙上种大白菜，第二个梦是梦见自己在雨中戴了斗笠还打着雨伞。

张秀才觉得这两个梦寓意深刻，于是，第二天一早就赶紧去找算命先生解梦。算命先生听了张秀才描述的梦境后，连拍大腿，感叹地说："您还是回家吧！您想想看，在高墙上种白菜，不是白费劲吗？戴了斗笠还打雨伞，不是多此一举吗？"张秀才一听，觉得算命先生讲得很有道理，于是，心灰意冷，垂头丧气地回到旅店，准备收拾行李回家。

　　旅店老板看到张秀才那失魂落魄的样子，好奇地问："张秀才，您这是怎么了啊？"张秀才叹了口气，坐下来把自己做的梦和算命先生的话一五一十地告诉了旅店老板。旅店老板听后，哈哈大笑，慢条斯理地说："这完全是两个好梦啊！您想想，在墙上种菜，不是高种（中）吗？戴了斗笠还打伞，不是说明您这次考试是有备无患吗？我觉得您这次一定能考中。"张秀才听了之后，觉得旅店老板说得更有道理。于是，他又打起精神，重整旗鼓，积极备考。

　　最后，张秀才考中了个探花。

心中的冰点

　　美国一家汽车公司，有一位调车员叫尼克，他为人和善，工作认真负责，可是却有一个突出的缺点，就是他对自己的人生很悲观，常以否定的眼光去看世界。

　　有一天，同事们为了赶着去给老板过生日，都提早收拾，一下班就急急忙忙地走了。不巧的是，尼克不小心被同事关在了一辆冰柜车里，他试了几次都无法从里面把车门打开。于是，他在冰柜车里拼命地敲打着、叫喊着，可由于全公司除他之外的人都走了，没有一个人来给他开门。

　　渐渐地，尼克的手敲得红肿了，喉咙喊得沙哑了，可是依然没有人出现。最后，尼克只得绝望地坐在地上喘息。他想：冰柜车里的温度在零下 20 度以下，如果自己一晚上都出不去，肯定会被冻死的。

　　后来，他愈想愈觉得可怕，最后，他在冰柜车里找到了纸

感悟
ganwu

　　这个故事当然不是要告诉我们梦境的好坏可以决定一个人的成败，而是要告诉我们：自我认识、自我体验和自我调节，会直接影响我们的心态，甚至会影响事情的最终结果。

故事中提到的"心中的冰点"，其实是一种消极的心理暗示，也是一种极度悲观的心态，这种心态往往会让人消极、迷茫、自暴自弃，甚至会造成更为严重的后果，所以，我们一定要善于以积极、乐观的心态面对一切，坚信良好的心态决定一切。

和笔，用发抖的手，写下了遗书。在遗书里，他写道："我知道在这么冷的冰柜车里，我肯定会被冻死的，所以……"

第二天，当尼克的同事打开冰柜车时，才发现尼克，可那时他已经死了。同事们都感到十分惊讶，因为冰柜车里的冷冻开关根本没有启动，而这巨大的冰柜车里也有足够的氧气供尼克呼吸，可是尼克居然死了！

尼克的家人都无法接受这个事实，他们报了警，希望警方介入调查，可是他们最终获得的尸检报告也显示尼克没有被谋杀或急病猝死的可能，那么尼克为什么会死在冰柜车里呢？

事实上，尼克是死于自己心中的冰点。因为他常以否定的眼光去看世界，根本不会想到这辆一向不会轻易停冻的冰柜车，这一天恰巧因要维修而未启动制冷系统，以致他坚信自己一定会被冻死，所以，最终他被"冻"死在了一辆根本没有启动制冷系统的冰柜车里。

专注的乔伊·柯斯曼

乔伊·柯斯曼出身贫寒，第二次世界大战后，他从军中退役，在美国宾夕法尼亚州匹兹堡一家出口公司工作。他没有上过大学，也没有什么专门技术，所以工资很低，每周只有35美元的薪水。

35美元让他日子很难过，他琢磨着自己做生意。每天晚餐后，他就在厨房的桌子上写信和全世界至交联络。在一年时间里，他发出了几百封信，但是由于地址错误，全都投递无门，这就耗尽了他所有的休闲时间。

有一天，他在《纽约时报》上看到了一则卖洗衣肥皂的广告，这类肥皂当时还很稀少，他以电话证实了这则广告后，想做这桩生意，于是开始给国外的至交发信。

几个星期以后，银行通知他，有一封18万美元的信用证

给他。这表示只要他能将肥皂运上船，这张信用证就可以兑现。信用证的有效期限只有 30 天，假若他在 30 天内不能装上船，信用证就作废。

柯斯曼的肥皂批发商告诉他纽约有货。他所要做的事只是到纽约去安排肥皂装船事宜，当然还要处理一些财务上的问题。柯斯曼找到他的老板，向他请几个星期的假，但老板不准。柯斯曼只得找到一些匹兹堡的朋友，问谁愿意到纽约去办这件事，就可得到这项交易的一半利润。但是没有一个人愿意去。

柯斯曼最后无办法可想，又去找老板，声明假若不准他假的话，他只有辞职，老板看他这样专注，只好让步。柯斯曼和妻子在银行里只存了 300 美元，但妻子也尊重他的选择，她对他有信心。他们提出这仅有的 300 美元，让柯斯曼带着去纽约。

住进旅馆以后，柯斯曼又打电话找批发商。结果电话号码弄错了，找不到批发商。但柯斯曼仍然坚持不放弃。

他到图书馆找到一份肥皂公司的名录，回到旅馆后，他打电话问美国电话公司，仅电话费就用了 80 美元，最后他找到一家阿拉巴马的肥皂公司有这种肥皂，但必须由他自己去阿拉巴马提货。

柯斯曼找遍了纽约所有的货运公司，找到了一家以赊账方式来为他运 3 000 箱肥皂的公司。这时候他又有了另一件麻烦，30 天的期限浪费了很多，他是否还有时间将肥皂运到纽约上船？

但柯斯曼仍显出对目标的专注。那些借钱给他的人都说，在他身上似乎有着某种东西使他们相信他会成功，并愿意将钱借给他。

他将肥皂运到纽约后，只剩下不到一天的装船时间。柯斯曼亲自动手帮忙装船。他们整整工作了一夜，到第二天中午，事情非常明显，他们在银行关门以前无法装完货。在银行关门前不到一个小时，柯斯曼只得离开装货码头，前去找轮船公司的总裁。

后来柯斯曼告诉朋友说："当时我已经一星期没洗澡，由于帮忙将肥皂装船，整夜没有睡。我满脸胡子，早饭钱还是向货车司机借的。肥皂公司的人追着我要肥皂的货款，货车公司也在催讨我欠他们的钱。旅馆等着我要钱，但不知道我的去处。甚至连我妻子也不知道我的下落。我的外表和我的感觉，仿佛我自己也需要用一箱肥皂来清洗。"就在这种情形下，他到轮船公司总裁办公室，向总裁说出全部事情的经过。这位总裁注视着他说："柯斯曼，事情已做到这种程度，你不会失去这笔生意了。"说着总裁交给柯斯曼装货凭单——虽然肥皂未装完。这表示轮船公司愿意负责，要是货装不够，由轮船公司赔偿损失。总裁派人将柯斯曼送到银行去。

这项交易的成功，使柯斯曼赚了3万美元，这对一个周薪35美元的人来说，可以说是相当好了。柯斯曼凭着这种执著和努力，后来成了一个亿万富翁，成功后的柯斯曼没有忘记以前人们对他的帮助，后来他帮助了很多刚开始创业的年轻人。

失业的西娅

有一个叫西娅的人在一家公司担任高级主管，待遇丰厚。当人们为薪水苦恼的时候，西娅在为到底去什么地方度假而烦恼。但是情况很快就变得糟糕起来。为了应对激烈的竞争，公司开始裁员，不幸的是西娅是被裁掉的一员。那一年，她43岁。

失业后的西娅很苦恼，她一时还接受不了自己失业的事实。"我在学校里一直表现不错。"一次她向朋友诉苦道，"但没有哪一项特别突出。后来，我开始从事市场销售。在30岁

的时候，我进了那家大公司，担任高级主管。

"我以为一切都会很好，但在我 43 岁的时候，失业了。那感觉好像有人给了我的鼻子一拳。"她接着说，"简直糟糕透了。"西娅语气很沉重。

那段灰暗的日子，西娅躲在家里，不敢出门，因为每当她看到忙碌的人们，她都会觉得自己没用，脾气也越来越大，孩子们也越来越怕她。情况似乎越来越糟糕。

但就在这时，转机出现了。一个月后，一个出版业的朋友向她咨询，如何向化妆业出售广告。这是她的长项。她似乎又重新找到了自己的方向，开始调整自己，重新规划自己的事业，西娅为很多的公司提供建议，出谋划策。

两年后，西娅已经拥有了自己的咨询公司。她已经不再是一个打工者，而成为一个老板，收入自然也比以前的工作多很多。

"被裁员，是一件糟糕的事情，但那绝对不是地狱。也许，对你自己来说，可能还是一个改变命运的机会，比如现在的我。其实，重要的是如何看待问题。我记得那句名言：世界上没有失败，只有暂时的不成功。"西娅后来和她的员工们这样自信地总结道。

船长与大鱼

一个渔村里有甲和乙两个船长。

一天，有人问他们："为什么你们天天都要出海捕鱼？"

甲船长一脸无奈地答道："没有办法啊，为了赚钱和生活呀！"

而乙船长则神采奕奕地说道："我喜欢海，喜欢它的澎湃汹涌，我每天都在体验大海带给我的欢乐。"

于是，那个人又问乙船长："难道你不是为了养家糊

口吗？"

乙船长答道："生活只是附带的，那种因付出而收获的过程能让我获得极大的成就感，所以我不光是为了养家糊口，还是为了享受捕鱼的过程。"

因为这种心态，乙船长不仅勤修船、编大网，还时常研究水文。渐渐的，他和他的水手们，捕鱼量越来越高，几乎每一次出海捕鱼都是满载而归。而那位无精打采的甲船长则每天都愁眉不展，致使水手们也是个个低落消极，所以虽然他们也是每天都出海捕鱼，可是捕到的鱼总是寥寥无几。

结果，有一天甲船长和乙船长出海时，同时发现了一条硕大无比的鱼，可是甲船长觉得自己的设备不足，怕大鱼撞翻了船，只能眼睁睁地看着大鱼从自己的眼前游走，却无计可施；而乙船长则信心满满地率领士气高昂的水手与大鱼搏斗，最终，经过一番激烈的搏斗，他们将大鱼拖回了渔村。

丢失了两元钱的车

罗森在一家夜总会里吹萨克斯，收入不高，却总是乐呵呵的，对什么事都表现出乐观积极的态度。他常说："太阳落下了，还会升起来；太阳升起来，还会落下去，这就是生活。"

罗森很爱车，但是凭他的收入想买车是不可能的。与朋友们在一起的时候，罗森总是说："要是能有一部车该多好啊！"那个时候，他的眼中总是充满了无限向往。于是，朋友中有人逗他说："你去买彩票吧，中了奖就有车了！"于是，他真的去买了一张两块钱的彩票。

可能是上天优待于他，罗森竟然凭着一张两块钱的彩票，中了个大奖。他终于如愿以偿，用奖金买了一辆车，还经常开着车出去兜风。

然而，好景不长，有一天，罗森把车停在楼下，半个小时

后，他下楼时发现车被盗了。朋友们得知这个消息后，想到他爱车如命，几万块钱买的车眨眼工夫就没了，都担心他受不了这个打击，便相约来安慰他。

见到罗森后，朋友对他说："车虽然丢了，但是你千万不要太悲伤啊！"

罗森大笑起来，说道："嘿，我为什么要悲伤啊？"

朋友们面面相觑，都觉得罗森的反应不太正常，更加担心他了，可是罗森却接着说："如果你们谁不小心丢了两块钱，会悲伤吗？"

"当然不会！"有人说。

"是啊，我丢的就是两块钱啊！"罗森笑道。

借锤子

有一个人想在家里挂一幅画。他有钉子，但是没有锤子。不过，他知道邻居有锤子，于是便决定到邻居那儿去借一下。

就在他要出门的时候，忽然想到："要是邻居不愿意把锤子借给我，我该怎么办？昨天我们见面的时候，他只是漫不经心地和我打了个招呼，也许他确实比较忙，可也许他这种忙是装出来的，其实他内心对我是非常不满的。可是是什么事让他对我不满呢？我又没有做什么对不起他的事，肯定是他自己在多心罢了。要是有人向我借工具，我立刻就会借给他。可他为什么会不借呢？他怎么能拒绝帮别人这么点儿的小忙呢？而他还自以为我依赖他，仅仅因为他有一个锤子！我受够了！"

于是，他迅速跑到邻居家门口，按响门铃。邻居开了门，还没来得及说声"早安"，这个人就冲着他喊道："留着你的锤子给自己用吧，你这个恶棍！"

第4章
力争上游，效率制胜

日本的松下幸之助说：忙碌和紧张能带来高昂的工作情绪；只有全神贯注时，工作才能产生高效率。的确，心无旁骛，一心一意可以产生高效率；珍惜生命中的每一分每一秒，进行合理安排，亦可产生高效率；找到自己合适的鞋子——方法，效率也会提升。高效率是一种助推力，让我们在抵达目标的路上，走得更快、更好、更坚定。

用上所有的力量

在成长的道路上，在学习的过程中，有限的个人力量不可能解决所有的问题，这时候，就要学会借助他人的帮助，比如和同学讨论，向老师请教等，这样办起事来就会更轻松，更有效率。记住，身边的亲人和朋友是我们最宝贵的资源和力量。

一个天气晴朗的下午，一个小男孩儿挥动着一把塑料铲子，非常卖力地工作着。太阳暖洋洋地照耀着他忙碌的身影，而那些沙子在他的创作下，变成了漂亮的道路、桥梁和隧道。可是，在施工过程中，很意外地出现了一块大岩石。

小家伙开始挖掘岩石周围的沙子，试图把它从泥沙中弄出去。他是个很小的男孩儿，而岩石却相当大，手脚并用，似乎没有费太大的力气，岩石便被他连推带滚地弄到了沙箱的边缘。不过，这时他才发现，无法把岩石再向上滚动，翻过沙箱边缘。

小男孩儿下定决心，手推、肩扛，左摇右晃，一次又一次地向岩石发起冲击，可是，每当他刚刚觉得取得了一些进展的时候，岩石便滑脱了，重新掉进沙箱里。

小男孩儿气得哼哼直叫，拼出吃奶的力气猛推猛挤。但是，他得到的唯一回报便是岩石再次滚落回来，砸伤了他的手指。

最后，他伤心地哭了起来。

父亲在不远处把这些情景看得清清楚楚，当泪珠滚过孩子的脸庞时，父亲来到了他的眼前。

父亲的话温和而坚定："儿子，你为什么不用上所有的力量呢？"

小男孩沮丧地抽泣着："我已经用尽了我所有的力量，可还是搬不动它！"

"不对，儿子，"父亲亲切地纠正道，"你并没有用尽你所有的力量，你没有请求我的帮助。"

父亲弯下腰，抱起岩石，将岩石搬出了沙箱。

在以后的生活中，小男孩儿无论遭遇到怎样的挫折和困难，无论感到怎样的绝望，他都会想起那块岩石，然后问自己："你真的用上了所有的力量了吗？"

小心你的"马蹄铁"

有一个年轻人进京赶考，他中了探花，看着榜上自己的名字，年轻人激动得热泪盈眶，感叹自己多年寒窗苦读没有白费。此刻年轻人最想让母亲和他分享这个好消息，母亲为了他，付出很多心血。于是年轻人和仆人快马飞奔回家。在归家的途中，仆人发现马的右后掌蹄铁上掉了颗钉子。

"管它呢，反正只有六个小时的路程了。"年轻人一边说，一边赶着马向前跑。中途休息的时候，仆人又一次报告年轻人："马右后掌的蹄铁已经掉了，是不是给它重新安一个呢？"

"算了吧。"年轻人回答，"我现在正赶时间呢。反正只剩三个小时的路程了，马应该能挺过去的。"

走了没多久，马开始一拐一拐的。拐了没多久，马的蹄子渗出了血水，它终于一跤跌了下去，折断了腿骨。年轻人从马上摔了下来，骨折了，险些丢了性命。

用 80 美元周游世界

有一位叫罗伯特·克里斯托弗的美国人，想用 80 美元来周游世界，他坚信自己能如愿以偿。

罗伯特找出一张纸，写下他为旅行所做的准备：

1. 设法领取到一份可以上船当海员的文件；

2. 去警署申领无犯罪证明；

3. 取得 YMCA 的会籍；

4. 考取一个国际驾驶执照，找来一套地图；

5. 与一家大公司签订合同，为之提供所经国家和地区的

感 悟
ganwu

年轻人本想尽快赶回家，却因一颗马蹄铁上的钉子坏了大事。小的错误或过失如果不及时纠正，就会慢慢酿成无法弥补的大错。要想提高学习效率，我们对小的错误比如一个标点、一个字等，都忽视不得。

罗伯特为什么能成功？不仅因为他坚信自己一定能成功，更因为他为自己制订了一份周密的计划书，这样既节省了时间，又提高了行事效率。在学习中，我们给自己订计划时要通盘考虑，如为了避免忘记新知识，学习计划要特别强调把新学到的知识和已经掌握的知识联系起来，画知识结构图就是一个好办法。

土壤样品；

6. 同一家航空公司签订协议，可免费搭机，但要拍摄相片为公司作宣传；

....

当罗伯特完成了上述的准备后，年仅26岁的他就在口袋里装好80美元，兴致勃勃地开始自己的旅行。结果，他完全实现了自己的梦想。

以下是他旅行的一些经历：

1. 在加拿大的巴芬岛的一个小镇用早餐，他不付分文，条件是为厨师拍照；

2. 在爱尔兰，花4.8美元买了4箱香烟，从巴黎运到维也纳，费用是送司机一箱香烟；

3. 从维也纳到瑞士，列车穿山越岭，只需4包香烟；

4. 给伊拉克的某运输公司经理和职员摄影，结果免费到达伊朗的德黑兰；

5. 在泰国，由于提供给酒店老板某一地区的资料，受到酒店的贵宾式待遇。

团 队 合 作

有三间房子，每间里边分别有两只猴子。过段时间来看，第一间房子里的猴子一死一伤，伤的缺了耳朵断了腿，奄奄一息。第三间房子里的猴子也死了。只有第二间房子里的猴子活得好好的。

这是怎么回事呢？原来这是美国加利福尼亚大学的学者做的一个实验，他们把六只猴子分别关在三间空房子里，每间两只，房子里分别放着一定数量的食物，但放的位置、高度不一样。第一间房子里的食物就放在地上，第二间房子里的食物分别从易到难悬挂在不同高度的适当位置上，第三间房子里的食物悬挂在房顶。学者们经过观察研究发现，三间屋子里猴子的不同结局是因为第一间房子里的两只猴子一进房间就看到了地上的食物，于是，为了争夺唾手可得的食物而大动干戈，结果伤的伤，死的死。第三间房子里的猴子虽作了努力，但因食物太高，难度过大，够不着，被活活饿死了。只有第二间房子里的两只猴子先是各自凭着自己的本领蹦跳取食。最后，随着悬挂食物高度的增加，难度增大，两只猴子只有协作才能取得食物。于是，一只猴子托起另一只猴子跳起来取食。这样，它们每天都能取得够吃的食物，很好地活了下来。

· 欢快的自由人与金字塔 ·

塔·布克是一个技艺很好的瑞士钟表匠，1560 年，他在埃及的金字塔游历时，第一个作出这样的预言：金字塔的建造者，不会是奴隶，应该是一批欢快的自由人！

后来，埃及考古工作者通过对吉萨附近 600 处墓葬的发掘考证，金字塔是由当地具有自由身份的农民和手工业者建造的，而非希罗多德在《历史》中所记载的，由 30 万奴隶所建造。这证实了布克的判断，埃及国家博物馆馆长多玛斯便对这位钟表匠产生了兴趣。他想知道一个钟表匠为什么一眼就看出，金字塔是自由人建造的呢？这个人到底是凭什么做出那种预言的？

为了搞清这个问题，他开始搜集布克的有关资料。最后，他发现布克是从钟表的制造预知那个结果的。

布克原是法国的一名天主教信徒。1536 年，因反对罗马教廷的刻板教规，被捕入狱。由于他是一位钟表大师，入狱后，被安排制作钟表。在那个失去自由的地方，他发现无论狱方采取什么高压手段，都不能使他们制作出日误差低于 1/10 秒的钟表。可是，入狱前的情形却不是这样。那时，他们在自

第二间房子里的两只猴子通过合作取得了食物，很好地活了下来。而一个人如果善于与他人团结合作，充分发挥团体的协作精神，做事效率也会大大提高。

感悟
ganwu

欢快自由的人才能创造出雄伟的金字塔和漂亮的手表。在强制和重压之下，人很容易产生逆反和对抗心理。人的无限潜能，唯有在自由主动、身心和谐的情况下，才能发挥出最佳水平。所以，那种企图借助苛刻的政策提高效率的做法，只能事与愿违。在学习中保持愉快心情，学习效率才会高。

已的作坊里，都能使钟表的误差低于 1/100 秒。

为什么会出现这种情况？起初，布克把它归结为制作的环境，后来，他们越狱逃往日内瓦，才发现真正影响钟表准确度的不是环境，而是他们制作钟表时的心情。对金字塔的建造者，布克之所以能得出由自由人建造的结论，就是基于他对钟表制作的那种认识。埃及国家博物馆馆长多玛斯在塔·布克的史料中发现了这么两段话：

一个钟表匠在不满和愤懑中，要想圆满地完成制作钟表的 1 200 道工序，是不可能的；在对抗和憎恨中，要精确地磨锉出一块钟表所需的 254 个零件，更是比登天还难。

金字塔这么大的工程，被建造得那么精细，各个环节被衔接得那么天衣无缝，建造者必定是一批怀有虔诚之心的自由人。很难想象，一群有懈怠行为和对抗思想的人，能让金字塔的巨石之间连一片刀片都插不进去。

塔·布克是第一批因反抗宗教统治而流亡瑞士的钟表匠，他是瑞士钟表业的奠基人和开创者。据说，瑞士到目前仍保持着塔·布克的制表理念：不与那些工作采取强制性、有克扣工人工资行为的国外企业联营。他们认为，那样的企业永远造不出瑞士表。

汽车之父亨利·福特

亨利·福特被美国人称为"汽车之父"。福特汽车公司初具规模后，有一次，福特在高层会议中建议改进现有的装配线，这个提议遭到很多人反对：有人觉得改进装配线，既要投资购买机器，又得重新培训工人，风险太大了；另一部分人则认为公司的生产能力已经够强了，效益也很好，没必要花力气去提高效率。

听完大家的意见，福特举起桌上的玻璃杯问："你们看到

了什么?"

有人担忧地说:"半杯水被喝了,杯子空了一半。"

"别担心,"有人乐观地说,"杯子里还有一半水,渴了还有半杯水可喝。"

"和你们不同,我看到杯子的容积是水的 2 倍。"福特说,"这里的水用个一半大小的杯子就能盛下。用一只大杯子做一只小杯子能做的事,是对资源的浪费,效率最低。现在生产线上的员工们就像这个大杯子,有一半的潜力没发挥出来。我要做的是换个小杯子,然后我们就可以用大杯子来盛更多、更好的东西了!"

于是亨利·福特于 1913 年率先采用流水线组装汽车,第一次实现了 10 秒钟组装一部汽车的神话。几年后民用汽车的价格降低了一半,小轿车不再是富豪的专属。福特的思想对全世界的制造业也产生了极大的影响。今天,大到一架飞机,小到一包糖果,都可以在流水线上生产。

狮 子 和 熊

狮子和熊在森林里走着,肚子非常饿,他们很懊恼,一路走一路吵,大象见他们这对好朋友闹矛盾了,就想问问究竟,他俩委屈地说出了事情的原委。

狮子和熊去寻找猎物。走了好半天,目光敏锐的狮子一下子发现了山坡上有只小鹿,狮子正要扑上去,熊一把拉住他说:"别急,鹿跑得快,我们只有前后夹击才能抓住他。"狮子听了,觉得有道理,两人就分头行动了。

鹿正津津有味地啃着青草,忽然听到背后有响声。他回头一看:啊呀,不得了!一只狮子轻手轻脚向他走过来了!鹿吓得撒腿就跑,狮子在后面紧追不舍,无奈鹿跑得太快,狮子追不上。这时熊从旁边蹿出来,挡住鹿的去路。他挥着蒲扇大的

人生其实就是一个不断发掘自身潜力和不断充实、壮大、提升自己的过程。聪明人懂得百分百利用自己拥有的一切。如果我们有很大的潜能,一定要努力发挥出来,这样我们才能从根本上提高学习效率。否则,苍鹰也会变成小鸡。

巴掌，一下子就把鹿打昏了过去。狮子随后赶到，他问道："熊老弟，猎物该怎么分呢？"熊回答说："狮大哥，那可不能含糊，谁的功劳大，谁就分得多。"狮子说："我的功劳大，鹿是我先发现的。"熊也不甘示弱："发现有什么用，要不是我出主意，你能抓到吗?"狮子很不服气地说："如果我不把鹿赶到你这里，你也抓不到啊!"他们你一言我一语争个不休，谁也不让谁，都认为自己的功劳大，说着说着就打了起来。

被打昏的鹿渐渐醒了过来，看到狮子和熊打得不可开交，赶紧爬起来，一溜烟逃走了。当他们打得精疲力竭时，回头一看，鹿早不见了。

大象了解事情的经过后，心平气和地说："你们能一起抓获鹿，却在最后时刻闹这样的矛盾实在不值得，如果你们一直坚持同心合作，共享成果，现在就不用饿肚子了。"

回避尴尬

富兰克林深受世人的敬仰，不仅因为他是美国的开国元勋和杰出的科学家、政治家，更因为他一直被后人推崇为人类精神最完美的典范。一天，富兰克林和助手一道外出办事。他们来到办公楼的出口处时，看见前面不远处正走着一位妙龄女郎。由于她走得太匆忙，突然脚下一个趔趄，身体失去平衡，一下子就跌坐在地上。

富兰克林一眼就认出了她，她是一位平时很注重自己外在形象的职员，总是修饰得大方得体、光彩照人。助手见状，刚要上前去扶她，却被富兰克林一把拉住，并示意他暂时回避。于是，两人很快折回到走廊的拐角处，悄悄地关注着那个女职员的一举一动。

助手不明白富兰克林的意思，看他满脸困惑的神情，富兰克林只轻轻地告诉他："不是不要帮她，而是现在还不是时候，再等等看吧。"

一会儿，那位女职员就站起来，环顾四周，掸去身上的尘土，很快恢复了常态，若无其事地继续前行。等那个女职员渐行渐远，助手仍有些不解。

富兰克林淡淡一笑，反问道："年轻人，你难道就愿意让人看到自己摔跤时那副倒霉的样子吗？"助手听后，顿时恍然大悟。

亨利·谢里曼的梦想

亨利·谢里曼在幼年时读过一本叫《荷马史诗》的书，他被书里所记载的故事深深吸引了，就暗下决心，一旦他有了足够的收入，就投身考古研究。

谢里曼很清楚，进行考古发掘和研究是需要很多钱的，而自己家境十分贫寒，现实与理想之间存在着很大的差距，他没有直线可走，只能走曲线。

于是，从12岁起，谢里曼就自己挣钱谋生，先后做过学徒、售货员、见习水手、银行信差等等。慢慢的谢里曼的境况好起来了，他后来在俄罗斯开了一家商务办事处。

谢里曼有了自己的事业后，从未忘记过自己的理想。利用业余时间，他自修了古代希腊语，而通过参与各国之间的商务活动，他学会了多门外语，这些都为日后的成功打下了基础。

多年以后，谢里曼终于在经营俄国的石油业中积攒了一大笔钱。当人们以为他会大大享受一番时，他却放弃了有利可图的商业，把全部的时间和钱财都花在追求儿时的理想上了。

谢里曼坚信，通过发掘，一定能够找到《伊利亚特》和《奥德赛》中所描述的城市、古战场遗址和那些英雄的

感悟
gǎnwù

俗话说，条条大路通罗马。当遇到某些问题我们无法直接解决时，就要学会去尝试不同的路径。直线距离虽短，但如果前面是座大山，我们硬要冲过去，肯定会撞得头破血流。所以，有时候我们应该像水一样，学会绕道而行。

坟墓。

1870年，他开始在特洛伊挖掘。不出几年，他就挖掘出了9座城市，并最终挖到了两座爱琴海古城：迈锡尼和梯林斯。这样，谢里曼就成了发现高度发达的爱琴海文明的第一人，这一发现在世界文明史中有着重要意义。

狼王胜利了

这是一个关于狼的故事。

那是一个极度干旱的季节，因为缺少水和食物，非洲草原上的许多动物都死去了。生活在这里的鬣狗和狼也面临同样的问题。一般狼群外出捕猎统一由狼王指挥，而鬣狗却是一窝蜂地往前冲，鬣狗仗着数量众多，常常从猎豹和狮子的嘴里抢夺食物。由于狼和鬣狗都属犬科动物，所以能够相处在同一片区域，甚至共同捕猎。可是在食物短缺的季节里，狼和鬣狗也会发生冲突。一次，它们就因为争夺一头野牛的残骸，一群狼和一群鬣狗发生了冲突，场面非常的惨烈。鬣狗死伤惨重，但由于数量比狼多得多，很多狼也被鬣狗咬死了，最后，只剩下一只狼王与5只鬣狗对峙。

狼王与鬣狗力量悬殊，何况狼王还在混战中被咬伤了一条后腿。那条拖拉在地上的后腿，是狼王无法摆脱的负担。面对步步紧逼的鬣狗，狼王突然回头一口咬断了自己的伤腿，然后向离自己最近的那只鬣狗猛扑过去，以迅雷不及掩耳之势咬断了它的喉咙。其他4只鬣狗被狼王的举动吓呆了，都站在原地不敢向前。终于，4只鬣狗拖着疲惫的身体一步一摇地离开了怒目而视的狼王。狼王胜利了。

发展合作伙伴

菲力·斯通被誉为美国的轮胎大王，他为轮胎行业作出了很大的贡献。菲力·斯通的成功和他善于发展合作伙伴是分不开的。

1903 年，菲力·斯通成立了"燧石轮胎橡胶公司"，可不久公司面临着很大的困难，菲力·斯通深深陷入苦海中。

一天晚上，菲力·斯通来到一家酒吧，这是他平生第一次来这种地方。走进酒吧，菲力·斯通要了一杯威士忌。当他喝完酒时，只见一个把裤子当围巾披在肩上的年轻人，东倒西歪地走了出去。周围响起了一阵哄笑声。

"这个人是干什么的?"菲力·斯通很好奇地问酒吧的老板。

"看他那个样子能干什么?"酒吧老板带着不屑的神情说，"做苦工的，一天赚的钱都灌进肚子里去了。"

"他经常这个样子吗?"不知为什么，菲力·斯通觉得这个人不像个酒鬼。

"那可不，除了工作，其余的时间就是醉酒，这搞发明真是害死人!"酒吧老板带有几分讥笑感慨道。

"发明? 他发明的是什么东西?"

"我不大清楚，"酒吧老板摇着头说，"听说是有关橡胶轮胎方面的东西。"

"他叫什么名字?"

"罗唐纳。"酒吧老板说，"不过，现在大家都叫他'醉罗汉'。"

菲力·斯通道了声谢谢，匆匆走出酒吧，可是，已不见那个喝醉的年轻人的影子。他感到有点失望，因为他急于想知道这个人在轮胎方面有什么新设计。

菲力·斯通只好再返回酒吧，向老板问明他工作的地方。第二天一大早，他按地址去找。

找到罗唐纳后，菲力·斯通把来意向他说明。

没有想到菲力·斯通吃了一个闭门羹。罗唐纳的一句"你找错人啦，我没有发明什么"就把他给噎住了。

罗唐纳说完，掉头就走了。

菲力·斯通呆呆地站在那里。"我未免也太傻了，"菲力·斯通自言自语，"对于一个酗酒之人，怎么能寄予厚望呢？"

他决定不再理他，可又不甘心。

"既来之，则安之。"他想，"再等等吧！或许他真的有什么了不起的玩意儿。"

那天上午，菲力·斯通一直在工厂外面的人行道上徘徊。中午12点，工人们都出来吃饭了，菲力·斯通没有看见罗唐纳。下午5点，工人们都下班回家了，还是不见罗唐纳的踪影。直到6点半，罗唐纳才从里面匆匆出来，而菲力·斯通此时已又累又饿。罗唐纳看到了菲力·斯通，停下了脚步，他被菲力·斯通感动了，一改早上漠然的面孔，向菲力·斯通走过来。

罗唐纳决意帮助他在亚克朗打天下。菲力·斯通用真诚赢得了第一个合作伙伴。

菲力·斯通在罗唐纳的协助下，制成了一种储气量大且不易脱落的轮胎，可轮胎制成后，却又遇到了资金不足，销路也打不开的麻烦。

正在无计可施时，他听到一个好消息：福特汽车公司研制成功一种价格便宜的汽车，普通民众都能买得起。

在底特律当推销员时，菲力·斯通与亨利·福特就有过几面之缘，彼此留下了很好的印象。听到这个消息后，菲力·斯通心头一动，这不正是个好机会吗？于是他带着几只刚做好的新轮胎，亲自到底特律去找亨利·福特。

"福特先生，听说您制造出一种新车，我给您带来一种新轮胎。"菲力·斯通热情地说。

"你知道，我这种新车的特点就是便宜。"福特笑着说，"可能用不起好轮胎，只要坚固就行了。"

"我了解您的意思。"

菲力·斯通展开了他卓越的推销技巧。

"我敢保证，这种轮胎对您的新车一定很适合，而且，"他向前探着身子，压低声音，故作神秘地说，"这也是我的新产品，其他人不要说用，就是连看都没有看过。"

福特一听，最后这两句话正合了他好奇喜新的胃口，"新东西？我先来看一看。"福特一边看，菲力·斯通就在一旁解释。一会儿，福特就来了很大的兴致。"走，我们马上进行试验。"他说。

作过各种试验之后，福特对这种新轮胎很满意，只是在价格上他嫌贵了一点。

"我这种新车，是想让每个家庭，甚至每个人都能买得起。"福特说，"如果为了轮胎而使价格升高，就与我的意愿相违背了。"

"那是当然。"菲力·斯通爽快地说，"我决定不赚一分钱，按成本供应给您，我算过，只比以前的轮胎贵三美元，就整个一辆汽车来说，加这点钱不会有多大影响吧？"

福特最终被菲力·斯通说服了，于是就一口答应了这笔生意。

菲力·斯通凭着良好的人缘，赢得了罗唐纳和福特两人的合作，最终取得了成功。

裁员不如集聚力量

当企业陷入困境后，以裁员的方式来减少开支并不可取，因为这样不但缩小了企业的规模，还会影响到企业的声誉。最好的办法应该是凝聚力量团结一致，工人齐心协力，效率自然会高，企业的效益也会更好。学习亦如此，与人合作，齐心协力，问题就会迎刃而解。

松下公司是日本一个大型电器王国，它的创办人是松下幸之助。松下公司在创办的 70 多年历史中，多次遇到生存危机，但是，松下幸之助每次都能凭智慧渡过难关。

20 世纪 50 年代，日本出现经济大滑坡，松下公司的产品在这个时候也大量积压。有人向松下幸之助建议减员一半，以渡过眼前的难关。这个消息透露出去后，整个公司人心惶惶。

此时松下幸之助恰巧有病住进了医院。松下公司的两位高级总裁武久和井植到医院看望他。

带病的松下幸之助仍担心公司的事务，他问公司的两位总裁："你们对公司目前的困难有什么高见吗？"

"看来除了减员没有什么好办法了！"井植说。

松下在病床上欠起身，语气坚定地说："我已经决定一个人也不减！"

武久和井植听了，都大吃一惊。

松下接着说："如果我们减员，别人就会看出我们的困难，别的公司就会趁机和我们讲条件，我们的处境就会愈加艰难。如果我们不减员，外界就会认为我们是有实力的，竞争对手便不敢小看我们。"

"没有这么多的活干怎么办呢？"武久问。

"办法我已想好了，改为半天上班，工资按以往标准分发。"

武久和井植回到公司，集合起全体员工传达了松下的决定。

员工们听到这个消息后很感动，所有的人都发誓要尽力为公司而战，公司上下出现了万众一心、共渡难关的局面。

别的公司听说松下公司不减一人，而且只上半天班发全天

工资，顿时感到松下公司不愧是日本实力雄厚的公司，定有灵丹妙药和回天之力。

后来，松下公司的全体员工，齐心协力，只用两个月的时间，便把产品全部销售了出去。接着不但停止了半天工作制，而且还要加班加点地干才能把大批订货赶制出来。

一块大石头

感悟
ganwu

每当到耕种时节，有一位老农就有件烦心事，因为他的农田当中，多年以来一直横亘着一块大石头。每次老农在田里劳作，一不小心就碰到这块石头，几年过来这块石头碰断了老农的好几把锄头，还弄坏了他的播种机。老农对此无可奈何，巨石成了他种田时挥之不去的心病。

一天，老农的一把锄头又一次碰坏了，这是一把刚使用的锄头，他真的很伤心。他想起巨石给他带来的诸多麻烦，终于痛下决心要处理掉这块巨石。于是，他找来撬棍伸进巨石底下。他惊讶地发现，石头埋在地里并没有想象的那么深、那么厚，稍使劲就可以把石头撬起来，再用大锤打碎，轻而易举地就清出了田里。

老农看着被清理出田里的石头，脑海里闪过多年来被巨石困扰的情景，再想到可以更早地把这桩头疼事处理掉，禁不住一脸的苦笑。

人生中会遇到很多问题，如果能找出根源立即处理绝不拖延，这些问题就不会长时间压得你透不过气来。今天的困难在今天解决，千万别推到明天，事情越积越多，只会使我们前进的步伐越来越慢。

摘 苹 果

一家公司想招聘营销部经理，招聘消息一出，很多人都来面试，最后有三个人进入了由公司老总亲自主持的最后一轮考试。考试那天，老总开车把三位年轻人拉到一座果园里，他没有给他们出什么难题，而是指着三棵高大的苹果树说："你们每人一棵树，看谁摘的苹果最多，谁就能成为本公司营销部经理。"

老总刚说完，三个人马上行动。第一个人身高臂长，站在树下，上下左右开弓，不一会儿就摘了很多苹果。第二个人身材灵巧，就像猴子一样爬上树，闪展腾挪，眨眼间，也摘了不少苹果。第三个人生得又矮又胖，尽管他很着急，但摘的苹果显然落后于其他二人。

第三个人灵机一动："要是有架梯子就好了，可哪里有梯子呢？果园门卫大爷那儿会不会有？"想到这儿，他立即跑到门卫室，诚恳地向门卫大爷说明情况。刚才老总领着他们进来时，只有第三个人热情地和大爷打过招呼，大爷显然对他印象很好。他领着第三个人来到门卫室后面，果然有架装修用的铝合金梯子摆在那里。他谢过大爷后，搬着梯子跑回果园。有了梯子，他变得游刃有余，摘起果子来随心所欲。

这时，第一、第二个人都遇到了难题。第一个人虽然生得高大，却怎么也够不到高处的累累硕果。第二个人虽身手敏捷，却不敢爬到细枝上去摘。这时他俩也想到了用梯子，可跑出去找了一圈，谁也没找到梯子的影子。

等他们气喘吁吁地跑回来，老总对他们说："不用再比了，我宣布：第三个人被聘为营销部经理。虽然身材第三个人比不过第一个人，灵巧比不过第二个人，但他面对困难时，能迅速地找到解决办法，打开局面，这是一个营销部经理最可贵的素质。"

感悟
gǎnwu

一个人的力量总是有限的，所以，当我们使出浑身解数仍无法解决问题时，别忘了好好利用自身以外的资源，它往往能带给我们意想不到的结果。

抓住离自己最近的人

一天，一场罕见的洪水袭击了一个小村子，许多人被无情的洪水夺去了生命。

一个三口之家也是这场灾难的受害者，丈夫在洪水中救起了自己的妻子，而他们十岁的儿子却被洪水淹死了。

对于这个家庭的不幸遭遇，许多人都深表同情。但也有一些人对那个丈夫的选择产生了疑问：在突如其来的洪水面前，丈夫挽救妻子的生命，而放弃了他们的儿子，难道在灾难来临的时候，孩子就应该成为被舍弃的对象吗？一时间，村里人围绕这一话题展开了激烈的争论。

后来，一个报社的记者路过这个村子，听说了这个故事。对于争论，他不想了解，但他很想知道：面对洪水，如果只能救活一个人，究竟是应该救妻子还是救孩子？妻子和孩子哪一个更加重要？于是，他专门去采访了那个丈夫。

记者见到那个丈夫时，发现他十分憔悴，脸上写满了内疚和痛苦。记者问他："能说说你当时为什么选择救自己的妻子吗？你当时是怎么想的？"

"我根本来不及想什么，当洪水到来的时候，妻子离我最近，我只是抓住了离我最近的人，而当我回身去救儿子的时候，我的儿子已经不见了，我并不是要放弃我的儿子……"说到最后，那个丈夫已经泣不成声了。

而记者听了那个丈夫的回答，心中已经有了答案：面对洪水，那个丈夫可以做到的，就是紧紧抓住离自己最近的人，毕竟救活一个，胜过失去两个。

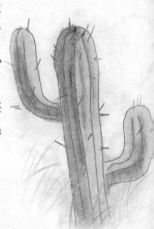

母亲的快乐

有时候，效率的高低并不是通过简单的表面现象来判定的。如果故事中的儿子能坚持按月给母亲汇款，牺牲暂时的效率来换取更大的快乐给母亲，无疑是一种更加明智的选择。

在一个小山村里，一位母亲含辛茹苦地养大了自己的儿子，并送儿子上了大学。当儿子大学毕业参加工作的时候，母亲已经白发苍苍了。于是，能独立工作挣钱的儿子开始给母亲生活费和保姆费。

一开始，儿子的收入并不高，所以他每个月除了留下自己的生活开销以外，把余下的工资都按时汇给了母亲。后来，职位提升，工作越来越忙，儿子就一季度汇一次钱给母亲，而钱的数目也在一点点增加。再后来，他给母亲汇钱的时间变成了半年。最后，这个时间又变成了一年。

可是，当儿子一次性给了母亲全年的生活费和保姆费后，却收到了母亲的一张汇款单。原来，母亲只接受了一千元钱，她把剩下的钱又转给了儿子。随同汇款单寄出的，还有一封信。儿子有些奇怪，便连忙打开信看。

在信上，母亲说："以前，每次收到你汇的钱，我都要高兴好几天。每个月，我都等待着这样的欢喜和满足。我退回去的钱，希望你每月汇一点，这样，每个月我都能够高兴一阵子。"

此时，儿子恍然大悟：同样多的钱，如果自己每个月都寄出一部分，那么自己的这份孝心带给母亲的欢乐将会大大增加。虽然这样做自己花的时间会多一点，但对于母亲来讲，快乐却增加了几倍。而如果自己一次性寄出所有的钱，虽然减少了自己的麻烦，但对于母亲来说，快乐的次数便大大减少了。

有时成功只需一个磨坊

有一个叫尤利马斯·马吉的人出生在苏黎世郊区的农村，在他年幼的时候母亲就去世了。更加不幸的是，在他20岁的时候，与他相依为命的父亲也去世了。双亲的离去让他很悲痛。

父母留给他的，除了丑陋的长相和一个小小的磨坊外，再也没有其他任何东西了。面对这些，年轻的他没有抱怨，也没有泄气，而是靠磨面粉为生。他暗下决心，只要世界上能磨的，就都要将它磨出个样儿来。

一天，马吉从朋友舒勒医生那里得知，干蔬菜磨碎后，不会损失营养价值。这一消息给了他很大的启示，他就借了一笔钱，买了蔬菜和豆类干燥机开始生产蔬菜粉和豆粉。当他试着将这些速溶汤料运至市场后，出人意料地获得了成功。他的产品得到了家庭主妇们的高度评价。仅 5 分钟，一盆热汤就做好了，既省时，又省力。到 1886 年，马吉已开发出了 3 种袋装速溶汤料。很快，他的产品畅销欧洲。

在以后的日子里，马吉在磨粉上狠下工夫。1890 年，他又推出新产品——能改善菜肴味道的万能调味粉。调味粉可用于沙司、凉菜、肉鱼、汤以及其他配菜，这些东西一上市又受到消费者欢迎。到了 1901 年，他这个乡下人已成为在几个国家有企业的大老板了。直到 1912 年他去世，他公司的产品仍然畅销欧洲。尤其是两次世界大战，更为速溶产品提供了发展的最好契机。

当初，曾有人问他成功的秘诀，他说："其实，成功并不需要很多，有时只需一个磨坊就足够了。"

猴子的举动

有一个人正将蒸熟的豌豆倒入木槽里喂马。这时附近的猴子发现了，它们开始骚动起来。突然，一只猴子飞快地从树上跳下来，从木槽里捞了一把豌豆，接着立即把豆子全塞进嘴里，随即它又抓了一把，这才满意地回到树上，愉快地吃着手中的豆子。但是，因为吃得太急了，有一颗豆子从它手中掉了下来，只见这只猴子居然不假思索地扔掉手上所有的豌豆，跳下树，着急地寻找刚刚落下的那颗。结果，不仅那颗豆子没有找到，连手上原有的豆子也找不回来了。

感悟
ganwu

蜜蜂忙得连想问题的时间都没有了，其实并不是工作时间越多，你的效率就越高，你获得的利益就越大。在工作和忙碌的同时，你更需要休息，在忙碌中安排思考的时间。学习亦如此，有计划地去学，再忙也要劳逸结合，效率才能提高。记住：别忙得连思考的时间都没有。

繁忙的蜜蜂

蜜蜂在一个地段很好的地方开了一家蜂蜜吧，一开始生意就特别红火。顾客来自各个领域，地上跑的，天上飞的，水里游的。蜜蜂高兴地不停招呼，忙得不亦乐乎。不久，他绞尽脑汁想出了在山坡、水边和森林里开几家分店，把生意做大的好主意。后来他真的又开了好几家分店。

一天，游乐场的场主蝴蝶从从容容地前来拜访蜜蜂。

"蜜蜂，我们聊聊，你有没有时间啊？"蝴蝶轻松愉快地问。

蜜蜂又好气又好笑，边团团转地忙碌着，边回答："我现在忙得连思考'有没有时间'这个问题的时间都没有了。你没看到我正忙着开几家蜂蜜吧吗？我至少也要忙完这个周末！"

"你这不是有时间开几家分店吗？我看你不仅有时间，而且时间多的是，只是没有想问题的时间罢了。"

蜜蜂听后看看自己，觉得自己就像一只无头苍蝇一样不停地旋转，而蝴蝶在说笑的工夫想出了在蜜蜂的蜂蜜吧开一家游乐分场的好主意。

销售 100 多台电脑的秘诀

有一个信息产业公司准备招聘销售部经理和几名员工，这个消息公布后，前来应聘的人络绎不绝。经过层层筛选，有3名青年脱颖而出，进入最后的考试。

考试前，老板微笑着对大家说："我们信息产业公司是全市规模比较大的电脑公司。加盟我们，就会拥有良好的发展机遇，所以对大家的考查相当严格。前几天进行的都是理论方面的测试，现在就让大家进行在一个月内销售60台电脑的实践，如果谁在一个月内销售完60台电脑，本公司就聘他为销售部经理，并给予每台电脑50元的提成。如完不成任务，就只能当一般员工，当然，照样能每台提成50元，但这个月本公司绝不开一分工资。"

任务明确后，小王、小李、小杨都着手开始自己的工作。

虎头虎脑的小王是个刚刚走出校园的大学毕业生，刚进入社会时间不长，接受任务后他感到压力很大，心中急得火烧火燎的，于是他便天天在街上转，往单位钻。有时，他忙得连中午饭都没时间吃，全靠方便面充饥。

精明的小李已在生意场上打拼多年，虽然最近生意不景气准备另谋职业，但他对人情世故早已摸透了，有点儿像人们说的"老油条"。明确任务后，便到处找以前的同事和朋友帮忙，时不时还给帮忙的人送点儿小礼物，请单位有决策权的要紧人物吃吃饭、跳跳舞。虽然一天到晚求爷爷告奶奶似的低声下气求人让他很伤面子，但通过四处公关，他几乎每天都有电脑卖出。商场如战场，小王看到这一切，自认为经理非小李不可了，在叹惜自己社交圈太窄的同时，他仍然卖力地推销着电脑。他知道，即使当这家公司的一般员工也不错，得留下好印象给公司。

而书生模样、研究生毕业的小杨则不同，从外地到这个城市应聘的他，几乎天天坐在临时办公室里上网，一点儿干活的意思也没有，看到小王和小李到公司汇报成绩时，只是点头微微一笑，脸上是捉摸不透的表情。对此，小王和小李一直百思不得其解：他这样真是来应聘的吗？甚至连信息产业公司的部分员工，也认为小杨可能是个混饭吃的家伙，于是大家对他的态度就不那么友好了，好多人对他爱理不理的。

到公布结果那天，所有的人都傻了眼！人们看到连腿

感悟 gɑnwu

现代社会是一个崇尚合作、需要以才智取胜的时代，学会借助别人的力量，就能提高工作效率，走在别人的前面，出色地完成复杂的任务。学习何尝不是这样，比如学英语写单词，两个同学可以轮流一个念，一个写，这也是个好办法。

都快累断了的小王跑到头来，电脑才卖了30多台。小李的电脑虽然天天卖出去不少，可也只卖了40多台，离60台还远着呢！可从来不见在外面卖过电脑的小杨，竟卖出了100多台，超出任务40多台，而且卖出的部分电脑价格还比公司原来定的价格高十几元甚至是几十元，为公司多赚了2 000多元。

自然，小杨当上了销售部经理。当小杨到台上发表就职演说时，人们不解地问小杨是如何卖出电脑、并多赚了2 000多元的。小杨说："虽然我几乎足不出户，但我以月工资1 000元的代价，从市场上招聘了3名临时的客户经理，让他们每个人每天至少完成1台电脑的推销，超额完成任务的，每超一台可提成30元。所以，虽然我每天仅用较少的时间关注销售情况，却销售了100多台电脑，扣去客户经理3 000元的工资，我还净赚了5 000元。而我天天上网，是查看国内外各种电脑配件的市场行情。所以，当看到电脑CPU的价格出现上扬后，我适时对电脑价格作出了调整，为公司多赚了2 000多元……"

"原来如此！"人们恍然大悟，随即，台下掌声雷动。

最后，老板总结道："其实，凭一个人的力量，每月卖出30多台电脑已算不错；卖出40多台基本是不可能的；100台以上绝对不可能。整个实践过程中，小王以自己的力量拼命；小李进行了一些销售方面的研究；小杨则全部应用了现代管理经验——总体把握与放权，并根据市场行情及时调整了价格。不会用人者，虽事必躬亲，累死仍难完成任务；会用人者，虽清闲自在，却仍能将工作做到最好，这就是高明管理者与一般管理者的区别！更何况，小杨对价格的调整，是我们事先没有想到的，可小杨却立足市场作出了正确的决策。销售部经理，要的就是这种能把握市场规律，工作中自己不一定很累，但又能带领员工将工作做得最好的人才！"

分开去做

有一个小伙子到一家工厂做车工，他每天的工作量是"车"完三万个铆钉。一个星期后，小伙子疲惫不堪地找到师傅，说干不了想回家。

师傅问他原因，他说："每天的工作量太多了，完成不了。"

师傅问他："一秒钟'车'完一个可以吗?"小伙子点点头，这是不难做到的。

师傅给他一块表，说："那好，你再试试看，从现在开始，你就一秒钟'车'一个，别的都不用管，看看你能'车'多少吧。"小伙子照师傅说的慢慢干了起来，一天下来，他不仅圆满完成了任务，而且也没觉得累。

师傅笑着对他说："知道为什么吗? 那是你一开始就给自己心里蒙上了一层阴影，觉得'三万'是个多么大的数字。如果这样分开去做，不就是七八个小时吗?"

小伙子恍然大悟。

疑病乱投医

有一个人不小心感染了风寒，整天咳嗽不止，觉得浑身都不舒服，于是请医生为他看病。

医生看了看他那无精打采的样子，又把了把脉，说他是得了蛊病，如果不抓紧治疗，恐怕会丢命。这个人一听吓坏了，连忙拿出许多金子，求医生一定要治好他的病。

这个医生给他开了治蛊病的药，说这种药可以攻击他的肾脏和肠胃，又会炙烧他的身体和皮肤，因此，吃这种药必须注意禁美味佳肴，否则药物难以奏效。这个人回去后遵照医生的

小伙子分开去做，快速圆满地完成了任务。分开去做，听起来简单，实则蕴涵着无穷的成功智慧。学习的任务就犹如一个个"三万"铆钉，比如思想政治，需要记的原理很多，看着厚厚的书本，不免心生畏惧，但你可以像故事中的小伙子那样分开去做，效率会很快提高。当我们被琐事压得无暇喘息时，不要惧怕，伸出手理理头绪，轻轻地，像拨开水面上的一块块浮冰。这个时候，成功的太阳，自然就会亮亮地照进你的心田。

遇到问题的时候，比如在数学上，我们经常遇到迷惑性很大的题目，这时首先一定要冷静下来，认真分析问题的性质，把握住解决问题的实质，对症下药，标本兼治。千万不可像故事中的这个人，疑病乱投医，使事情越办越糟糕。

嘱咐吃药，可是一个月过去了，他的病情不见好转，反而加重了，除了咳嗽，还有内热外寒，百病发作。加上他一个月的禁食，营养不良，身体瘦弱疲惫，真的像一个患蛊病的人了。

无奈，他又请来另一个医生为他治病。这个医生检查了他的各种症状，诊断他患的是内热病，于是又给他寒药吃。这次，他又花去许多金子。

他吃过医生给他开的寒药，不但没有好转，反而每天早晨呕吐，晚上腹泻，痛苦不堪。别说是美味佳肴，这次连饭都不能吃了。他心里非常害怕，这样下去恐怕连命都保不住了。于是，他又反过来改服热药，谁知这样一来，他又出现全身浮肿，到处长脓生疮，搞得他头晕目眩，浑身是病，一天到晚叫苦不迭。

他又第三次请来一个医生。这个医生见他满身是病，真不知从何医起，结果是越医病越重了。

后来，一位年长的邻居见他面容憔悴，病症奇特杂乱，于是开导他说："这都是庸医害人，给你胡乱吃药的结果。其实你根本没什么大不了的病。人的生命，本以元气为主，再辅之以一日三餐正常的饮食。而你呢，天天吃这药喝那药，千万种药毒搅乱了你体内的正常机能，结果既损害了你的身体，又阻断了饮食的营养供给，所以肯定会百病齐出。依我看，你当务之急是要安定思想，首先休养好身体，再辞谢医生，放弃药物，恢复营养，多吃你喜爱的食物。这样，你的元气就会慢慢在体内恢复，身体一天天强壮起来，自然而然吃东西便觉有滋味了。一天三餐饭，便是最好的药，你不妨照我说的去做，保证有效。"

这个人在万般无奈的情况下，按照邻居所说的去做了，仅仅一个月，身上的各种病症果然都消除了，身体又恢复了健康。

人生定好五年计划

人生一世，草木一秋。芸芸众生大致分为三种类型：

第一种人，稀里糊涂，终其一生，日复一日，年复一年，既无目标，也无追求，吃喝拉撒睡之间，走到尽头。

第二种人，时而清醒，时而糊涂，一会儿雄心万丈，一会儿随波逐流，几经起落，最后，自认平庸，仰天长叹："此生运气太差，如果有下辈子，定当如何如何。"

第三种人，除去少不更事和老糊涂两个阶段，在人生旅程的关键时段，始终头脑清醒，目标明确，行动有力。不用多说，大家也知道，他们的人生最有价值，也最有收获。

第一种人，我们忽略不计，因为他不想有所成就，谁也不能强迫他做什么，他也没有改变生命历程的欲望。我们讨论的议题是，第二种人如何进步为第三种人，即帮助那些想成功的人，找到一个行之有效的方法。

一生中真正有效的时间不多，干事业的黄金时间，基本上可以确定为25～55岁。25岁前是受教育和做准备阶段，55岁后基本上要退出历史舞台。所以，人生的根本问题可以界定为：如何利用有效的30年时间，获取人生最大收益。

资源（如时间和精力）是有限的，经不起挥霍，需要科学规划。小到一家公司，大至一个国家，都有十年规划、五年计划和年度计划。

我们一辈子的有效时间大致可以看成30年，就是说，可以制订6个五年计划。一般而言，人生轨道有一些规律性的东西：

第一个五年计划，一般要解决定位问题。我到底是什么样的性格？有什么特长？我想成为什么样的人？哪个行业适合

有一首歌中唱道："看成败，人生豪迈，只不过是从头再来。"然而人生短暂如白驹过隙，又有多少从头再来的机会？浑浑噩噩者将为虚度年华而悔恨，随波逐流者终将因碌碌无为而羞耻。既然如此，何不从现在开始，认识你自己，充实你自己，发展你自己，认认真真描绘人生最美的蓝图。

我？我应该在什么位置上发展？

在这个阶段，主要是走向社会，通过实践活动，认识自己和社会，尽快地给自己一个准确合理的定位。

第二个五年计划，要在行业中站住脚，获得一个初始位置，解决基本的生活问题，有一个安定的心态，逐渐积累各种资源，包括知识、技能、经验和人脉关系等。

第三个五年计划，就要成为单位的骨干、行业的专家，获得较高的位置，有一定实力，可以调动很多资源，找到做事业的感觉。并且淘到第一桶金，房子、车子问题应该全部解决，有成功人士的感觉，并获得社会认可。

到了40岁，进入第四个五年计划。这时候，要上的台阶是从小康到富裕，必须进入社会的精英阶层。在单位中，要进入决策层；在行业中，要有影响力，正是纵横捭阖、呼风唤雨之时。

第五个五年计划中，发展与守成并重，因人而异，有的人高歌猛进，有的人求稳持重。这个阶段基本是把持大政方针，放手让年轻人打拼。

五十而知天命。第六个五年计划到来之际，一般说来，个人的创造力和精力都在走下坡路，以现代社会的节奏，多半到了退位让贤的时候。当然，也有老当益壮之士，不在此列。

这是一些规律性的东西，不能对号入座，而且再作细分，每一年、每一月、每一周、每一天，都有具体的计划和安排，将目标化整为零，如此这般，才能对得起数十年的大好时光。

尽人力，听天命，有时候成败很难说清。关键是，不能稀里糊涂地过这一辈子，只要头脑清醒，全身心地投入，无论成败，此生无憾。

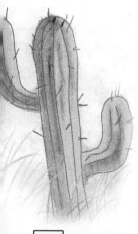

小狮子学本领

森林之王狮子有一个宝贝儿子，转眼之间小狮子渐渐地长大了。

狮王想把小狮子培养成一个充满智慧的接班人，以使王者的声望不受玷污。但他苦恼的是自己该请谁来培养小狮子。

托付给狐狸吗？狐狸是聪明，然而他却老爱撒谎！跟撒谎的人打交道，那可是要搞出乱子来的。或许鼹鼠合适些？经常听说鼹鼠的屋子里是井井有条的，没有勘探过的地方，他决不走动一步，餐桌上摆的每一粒谷子，都是他亲自弄干净研磨过的。总而言之，据报告所说，鼹鼠是做小事情的大能手。且慢！据说，他对于近在眼前的事物是目光锐利的，然而他能看得到一码以外的事物吗？鼹鼠的制度是好的，但对咱们可不合适，谁都同意，狮子的王国是远胜于鼹鼠的，那么，为什么不让豹子来试试呢？豹子又勇敢又强壮，豹子能够整天给你讲战略。然而，政治——豹子可就不大明白了，对于公民权利他一点儿也不懂。那么豹子在如何治理国家方面还能教些什么功课呢？一个国王必须是政治家，又是法官，还要是战士，而豹子真正擅长的就只有作战。国王的儿子是不宜受豹子教育的。

总而言之，狮王把所有的野兽都考虑过了，连在森林中名气大得像柏拉图在古代一样的大象，也被考虑过了。但在狮王看来，所有的野兽，都是聪明有限，愚笨透顶的。

却说对他抱有深厚友谊的邻国的鹰王，知道了狮子大王的苦恼，就决意要为他的朋友大大地效劳。他要求亲自来教育小

狮子。狮王高兴得几乎要跳起来，得到一位国王来做儿子的教师，可不是空前绝后的大造化吗？

于是狮王高高兴兴地给儿子准备行装，让他出国留学。

时间过得真快，一年、两年过去了，小狮子终于毕业了。在过去的那些日子里，狮王听到老鹰给自己的汇报都是赞美之词，所以他很高兴，准备开一个隆重的宴会欢迎儿子回来。同时狮子大王还把所有的野兽召来，让他们见识儿子学到的本领。

那天，狮子大王拥抱了他的儿子，并且对他说道："亲爱的儿子，当我归天的时候，必须由你来治理国家，我是一只脚已经踏在棺材里的了，你还正是旭日东升呢。我极愿意让你接替我的王位，你先告诉我们，你学到了什么渊博的知识，你以为怎样才可以为你的子民谋得幸福。"

"爸爸，"小狮子答道，"多谢您给了我学习的机会，我已经学到了你们之中没有一个人能懂的学问：从老鹰到鹌鹑，各种各样的鸟，在什么地方能饲养得最好，他们最爱吃什么食物，他们的各种不同的样儿，各种鸟生的蛋，各种鸟所需的一切东西——我没有一件是不知道的。请您念念这张文凭上的评语吧！因此，如果您的意思是叫我管理这个国家，我就要叫我的子民们立刻建筑鸟巢。"

狮子大王仰天长叹，他的子民们也都流下了眼泪，议员们因为丢脸而低下头来。这是很明显的，年老的狮王懊悔也来不及了：他儿子的学习是徒劳无益的。

· 钢 铁 大 王 ·

伯利恒钢铁公司是美国第二大钢铁公司，这个钢铁公司于1857年在伯利恒南部成立，公司刚成立时效益一直不太好。为此，总裁理查斯非常着急。有人便让他向效率专家请教。理查斯想也许这个建议有效，一天，他真的敲开效率专家的门，效率专家给理查斯的建议是：

"把你明天必须要做的最重要的工作记下来，按重要程度编上号码。最重要的排在首位，依次类推。早上一上班，马上从第一项工作做起，一直做到完成为止。然后用同样的方法对待第二项工作、第三项工作……直到你下班为止。即使你花一整天的时间才完成了第一项工作，也没关系。只要它是最重要的工作，就坚持做下去。每一天都要这样做。在你对这种方法的价值深信不疑之后，叫你公司的人也这样做。"

理查斯回来后认真考虑了效率专家的建议，认真总结，并实行新计划，5年后，伯利恒钢铁公司从一个鲜为人知的小钢铁厂一跃成为最大的不需要外援的钢铁生产企业，理查斯·舒瓦普也成为一名举世闻名的钢铁大王。

在现实生活中，有的人整天忙忙碌碌，却不见得有什么成绩。其实是他们不懂得分清事情的轻重缓急，追求面面俱到，结果一事无成。只有先弄清什么是最重要的并集中精力去解决它，这样才有高效率。

第**5**章

实践是检验真理的唯一标准

实践是检验真理的唯一标准。正确的学习观念需要通过实践来证明；科学的学习方法需要通过实践来摸索；浓厚的学习兴趣和良好的学习习惯也需要通过实践来培养。学到的知识最终需要运用到实践中，通过实践来巩固和深化。实践出真知，实践是一种大智慧，让我们的人生不断充盈。

鸭子可以捕捉兔子

感悟
ganwu

故事中的人，好吃懒做什么都不愿意干，连鸭子都不认识闹出了笑话。虽然他那个"鹘鸟可以捕捉野兔"的想法很好，并破例尝试了。但是，实践一定要从实际出发，尊重客观规律。单凭自己的主观愿望和想象去行事，很容易遭受挫折。

从前，有一个好吃懒做的人，一天到晚除了吃饭就是睡觉，什么也不愿干，却总是异想天开，一会儿想着要吃这，一会儿又想着要吃那，就是不想费力气。

一天，他躺在床上忽然想到：要能吃上野兔做的佳肴该多好呀！他曾听人说鹘鸟可以捕捉野兔，于是他勤快了一次，起床出门到市场上去买鹘鸟。他在街上转来转去，不知鹘鸟是什么模样。当他看到鸭子时，觉得那一定是捕捉兔子的很厉害的鹘鸟，于是精心挑选了一只回家，一路上他乐呵呵的，眼前浮现着野兔做的佳肴。

第二天，这个人作好一切准备后就带鸭子到野地里去了，他在一个比较隐蔽的地方藏起来，等着野兔跑来。等呀等，一两个小时过去了，果然有野兔跑过来了。这人立即将鸭子抛掷出去，让鸭子去捉野兔。可是，这只鸭子飞不起来，一抛出去它就扑打着翅膀落在地上了。这人急了，又抓起鸭子再抛掷出去，鸭子又重重地落到地上。这人烦死了，他接连三四次把鸭子抛掷出去，鸭子始终飞不起来，而兔子早已经没了踪影。

这时，一个老农走过来见此情景，哈哈大笑起来，这人正在气头上，听到笑声更气愤了，嚷起来："笑什么笑！"

老农还是面带笑容："年轻人，我只听说鹘鸟可以捕捉野兔，没见像你一样用鸭子捕捉兔子的。"

"鸭子？你在胡说什么呀？这可是我昨天花一天时间在市场上精选回来的鹘鸟。"

老农一听更觉得不可思议了，叹着气道："你真需要回到现实生活中，再好好学习啊。"

你是怎样捕捉麋鹿的呢？

舒勒博士是国际著名的公众演说家、励志图书作家和牧师，美国加州著名的水晶大教堂即由他一手创建。舒勒博士倡导"积极思维"和"可能性思考"的理念，他以饱满的热情和充沛的活力激励了几代人坚定信心，积极进取，努力去实现梦想。他教会数百万人相信他们能成为自己想成为的人，于是很多陷入困境中的人都会想到请教舒勒博士。

一次，有一个失业的人问舒勒博士："我现在觉得很迷茫，不知道方向在哪里，我应该如何找工作呢？"

舒勒博士反问他："你是怎样捕捉麋鹿的呢？"

"你说什么？"对方显然对舒勒博士的答案很诧异。

舒勒博士说："你面对的失业问题，和几年前我要筹 1 000 万美元建水晶大教堂的困难没什么两样。我听说一位朋友米尔顿·恩格尔伯森博士成功地向一位慈善家筹得了 100 万美元，于是我去问他，'你怎样做才从这个人身上筹得了 100 万美元呢？'他当时的答案就是我刚才问你的问题。

"'你是怎样捕捉麋鹿的呢？'恩格尔伯森嘴角泛着笑意回应我的问题。'这就是你的答案？'我问。'你真聪明。'他回答道。说完他就转身离去了。临走前他还讲了一句话：'好好想想吧，这忠告就是你唯一需要的东西了！'

"我忘不了他的话，更不想让他的哑谜占上风，于是我想，如果我要捕捉麋鹿，我就得去加拿大。在加州你根本不可能见到麋鹿。到了目的地之后，我会找出它们行动的路线，再找出它们的水源。之后我会以它们喜爱的食物去吸引它们，然后逐步行事。

"于是，我在祷告后，就把那些有能力捐 100 万美元的人列了出来。就是恩格尔伯森的这条忠告，使我最后成功地筹得

感悟 gɑnwu

好的开始是成功的一半。解决复杂问题的关键，就是先要成功地迈出行动的第一步，再沿着正确的方向一步步地前进。当同学们作了计划时，就要勇敢地迈开第一步，立即行动我们才能接近目的地。

了数百万美元。

"所以，每当有人问我：'舒勒博士，你是怎样向别人筹得1 000万美元的呢？'我的答案必是——'你是怎样捕捉麋鹿的呢？'"

两个用绳子结成的疙瘩

有一个鲁国人用绳子结成两个疙瘩，这两个疙瘩很结实，一般人是解不开的。他把这两个疙瘩送给宋元君，并说希望能有解开疙瘩的人。

宋元君也希望自己的子民能接受这个挑战，把疙瘩解开，于是他向全国下令说："凡是聪明的人、有技巧的人，都来解这两个疙瘩。"

宋元君的命令引来了国内的能工巧匠和许多脑瓜子灵活的人。他们纷纷进宫来解这两个疙瘩，可是却没有一个人能够解开。他们只好摇摇头，无可奈何地离去。

有一个叫倪说的人，不但学识丰富、智慧非凡，就连他的弟子，也很了不起。他的一个弟子对老师说："让我前去一试，行吗？"

倪说信任地点点头，同意他去。

这个弟子拜见宋元君，宋元君叫人拿出绳疙瘩让他解。只见他将两个疙瘩打量一番，拿起其中一个，双手飞快地翻动，终于将疙瘩解开了。周围观看的人发出一片叫好声，宋元君也十分欣赏他的聪明能干。

第二个疙瘩还摆在案上没动静。宋元君示意倪说的这个弟子继续解第二个疙瘩。可是这个弟子十分肯定地说："不是我不能解开这个疙瘩，而是这疙瘩本来就是一个解不开的死结。"

宋元君将信将疑，于是派人找来了那个鲁国人，把倪说弟子的答案说给他听。那个鲁国人听了，十分惊讶地说："真了

不起！的确是这样的，摆在案上的这个疙瘩是个没解的疙瘩。这是我亲手编制出来的，它没法解开，这一点，只有我知道，而倪说的弟子没有亲眼见我编制这个疙瘩，却能看出它是一个无法解开的死结，说明他的智慧是远远超过我的。"

以柔克刚的方法

明代有一个叫严养斋的海虞人，曾经当过主管考查官员的吏部尚书，后来又当了宰相。他准备在城里盖一座大宅子。地基已经测量好了，但他遇到了一个难题：有一间民房正好建在地基之内，这影响了整个建筑的效果。这间民房的房主是卖酒和豆腐的，房子是他的祖辈传下来的基业。工地的负责人想高价买下他的房子，但是这家人坚决不同意。

负责人便生气地报告给了严养斋，严养斋并没有生气，反而平静地说："没关系，可以先营建其他三面嘛！"就这样，工程按原计划破土动工了，严养斋下令工地的人每天所需的酒和豆腐都到那户人家去购买，并且先付给他们定钱。那家的夫妻因店小而工地上的人所需的酒和豆腐数量又很大，人手一时忙不过来，供给不上，就又招募工人来帮忙。不久，招募的工人越来越多，他们所获得的利润也越来越丰厚，所贮存的粮食大豆都堆积在家里，酿酒的缸及各种器具都增加了好几倍，小屋子里实在是装不下了。再加上他们感激严相爷的恩德，自愧当初抗拒不搬的行为，于是，就主动地把房契送给严养斋，表示愿意让出房来。严养斋也想得很周到，用附近一处更宽绰一点儿的住房和他们调换，这家人非常高兴，没过几天就搬走了。这件事情就在严养斋的巧妙安排下轻松解决了。

· 点心的食谱 ·

生活中的许多原则和规律都是受一定的条件限制的。实践过程中，如果客观条件发生了变化，就不能再简单、生硬地照搬别人的经验！学习也是如此，我们不能照搬别人的方法，而应根据自己的情况去选择。

有一个叫琳达的美国女孩很喜欢出门旅行，而且她每到一个地方，对当地的特色饮食也很热衷。有一次她去保加利亚旅行时，被当地的一位妇女制作的一种精美甜点深深折服了。为此，在离开之前琳达特意讨要了这种点心的食谱。食谱上称需用10个鸡蛋和一些其他的调料。回家后琳达迫不及待地按照食谱如法炮制，结果竟弄得一塌糊涂。

但琳达并没有灰心丧气，她又一次去保加利亚旅行，其实主要目的是想再请教那位妇女。琳达费了很大周折找到了做糕点的那个妇女，她请保加利亚妇女又给她演示了一遍，琳达详细地观看了甜点制作的全过程并做了详尽的记录。可回家后她又一次做砸了。

琳达对此百思不得其解，同样的食谱和方法，为什么会有两种截然不同的结果？

后来，在一次烹饪协会举办的聚会上，琳达向一位烹饪好友倾诉了自己做糕点的苦恼，好友听后说：“你的配料太软了，这可能是鸡蛋放得太多所致：10个鸡蛋，太软。为什么不尝试减掉几个呢？”

就在那一瞬间，琳达恍然大悟。“为什么不尝试减掉几个呢？”琳达马上想到，保加利亚的鸡蛋普遍较小，更像是美国的中型鸡蛋，而她每次做甜点时都是用10个大个的美国鸡蛋。回家后，琳达第三次按食谱去做时放了8个大鸡蛋——又美又香的甜点由她首次亲自制作成功了！

为什么不问一声

有一个博士生毕业后分到一家研究所，他成为了研究所里学历最高的一个人，为此他很自豪。

有一个周末，博士生闲来无事，他到单位后面的小池塘去钓鱼，正好单位两个同事在他的一左一右，也在钓鱼。

他觉得和两个本科生没什么可聊的，于是只是微微点了点头，算是和他们打招呼。

不一会儿，一个同事放下钓竿，伸伸懒腰，"噌噌噌"从水面上像飞一般地飘到对面上厕所。

博士生眼睛睁得都快掉下来了。水上飘？不会吧？这可是一个池塘啊。

那个同事上完厕所回来的时候，同样也是"噌噌噌"地从水上飘回来了。

怎么回事？博士生又不好去问，自己是博士生呢！

过了一阵，另一位同事也站起来，走几步，"噌噌噌"地飘过水面上厕所。这下子博士更是差点昏倒：不会吧，到了一个江湖高手集中的地方？

博士生也内急了。这个池塘两边有围墙，要到对面厕所非得绕10分钟的路，而回单位上又太远，怎么办？

博士生也不愿意去问那两位同事，憋了半天后，也起身往水里跨：我就不信本科生能过的水面，我博士生不能过。

只听"咚"的一声，博士生栽到了水里。

两位同事将他拉了出来，问他为什么要下水，他问："为什么你们可以走过去呢？"

两位同事相视一笑："这池塘里有两排木桩子，由于这两天下雨涨水正好被没在水面下了。我们都知道这木桩的位置，所以可以踩着桩子过去。你怎么不问一声呢？"

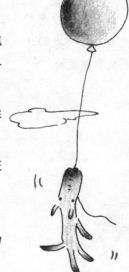

131

绝不半途而废

感悟 ganwu

谈迁坚持不懈，面对困难毫不气馁，终于完成了《国榷》。成功的一个秘诀就是行动起来，坚持下去！无论我们做什么事，都要用坚持不懈的毅力和持之以恒的精神来作为我们行动的原动力，这样我们才能取得成功。

谈迁是我国清代历史学家，他自幼刻苦好学，博览群书，精研典故，特别是明代的典故。写一部反映明代历史的书，一直是谈迁最大的愿望。但谈迁家境贫寒，藏书十分有限。因此，他不得不东奔西走，到处借阅和抄录资料。

他不辞辛苦，对明代100多位历史学家的史籍进行考证、分析、研究，经过6次改写和补充，谈迁终于完成了《国榷》一书。

不料，花费了20多年心血完成的书稿，竟被贪财的窃贼偷走。面对厄运，坚强刚毅的谈迁没有沉沦，决心重写《国榷》。从此，谈迁不论春夏秋冬、严寒酷暑，都专心致志编撰《国榷》。为了考证史实，他不顾年迈体衰，不顾日月风雨，坚持走访知情人。

数年后，在他63岁时，辛勤的劳动终于换来了丰硕的成果，一部史料更准确、更翔实的《国榷》终于完成了。

谈迁始终不渝的治学精神也和史书《国榷》一样，成为一座不朽的丰碑。

心动更要行动

梁凤仪在香港是深受欢迎的女作家之一，又是香港商界和出版界事业有成的女强人。作为现代知识女性，她曾在银行及公关机构中屡任高级职务，并创办了香港"勤＋缘"出版社。

1989年4月，梁凤仪发表了她的第一部小说《尽在不言中》，一出版便一炮打响，为她的"财经系列小说"开了个好头。

此后，她开始以令人难以置信的速度，以近乎批量生产的方式，有系统地创作起小说来。

1990 年，梁凤仪写出了《醉红尘》等 6 部长篇小说。1991年，她更上一层楼，竟然一口气出版了《花帜》等一系列作品。

当时，梁凤仪的财经小说发行量特别大，在港台地区刮起了一股猛烈的"梁旋风"。

梁凤仪心中一动，自己的小说既然如此受欢迎，如此能创造经济效益，为什么不自办出版社呢？说干就干，于是，她成立了香港"勤＋缘"出版社，自己亲任董事长和总经理。

"勤＋缘"出版社有一个很强的团队，加上有梁凤仪的经营，出版社获得了很大的声誉，由此而来的是它获得的巨大经济效益。仅仅在建社的一年半以后，"勤＋缘"出版社便收回了八位数字的投资，并在两年以后，一跃成为香港三家营业额最高的出版社之一。

· 50 万英镑奖金的风波 ·

弗兰克·史密森厌烦了上班的日子，他一想到每次公司经理老是冲着他大喊大叫，就很烦恼。他真希望天上能掉下馅儿饼啊，那样就不用去上班了。

新一天的上班时间又到了，弗兰克爬出被窝，慢腾腾地走出卧室下楼去了，就在这时，他听见信箱盖子"砰"地响了一声，接着便看见一个褐色信封落在门内。他拾起信打开一看，只见里面的信笺上写着："贝格伍兹足球赌金会祝贺您赢了 50万英镑。"

弗兰克真不敢相信自己的眼睛，"上帝对我真好！"他大叫一声，几乎半条街道上的人都听见了这声叫喊。妻子被叫声吵醒后生气地嚷道："你干什么啊!?"弗兰克冲上楼来，"我发了财啦，看哪！这上面写着……祝贺我……50 万英镑！"妻子也兴奋地喊起来："咱们发财啦！发财啦！"她攥着那封信，在房

间里转着圈儿地跳起舞来。

兴奋过后他们坐下来商量如何使用这笔钱。

史密森太太想了一下说："嗯，先把这些茶具打发了吧。"说着，她走向橱柜，把里面的瓷器都拿出来，一股脑儿扔进房间外面的垃圾箱里。"这件也得扔。"于是，她的新外套也到垃圾箱里和那些瓷器作伴去了。随后，史密森太太又转向了挂在门后的弗兰克的那套新衣服。

"衣服就免了吧，亲爱的，"弗兰克恳求道，"它买了才一个月！"

"弗兰克，咱们有钱了！从今天起，你所有的衣服都可以到萨维尔·洛大街去买！"

"嗯，"弗兰克心想，"身穿萨维尔·洛服装的我岂能屈就于一个小事务所呢？不就是那么个事务所吗？从今天起我就不干了！"

"你到哪儿去，亲爱的？"看到丈夫穿上了外套，妻子问。

"到事务所去，我还有几件没办完的事。"

见弗兰克到 11 点才露面，经理满脸不高兴，"请你解释一下，你为什么迟到了两个半小时？"

"跳河去吧，"弗兰克说，"我刚才得了点儿钱，拜拜啦。你再另找个人去对他叫喊吧。"

晚上，正当弗兰克得意地坐在火炉旁吸着一支价格极其昂贵的哈瓦那雪茄时，传来了敲门声。"我敢打赌，准是给我送那笔赌金来了。"弗兰克一边想，一边走去把门打开，只见门外站着两位衣冠楚楚的男子。

"史密森先生吗？"其中一个人问。

"是啊，我就是。"弗兰克回答说。

说话的人与自己的同伴交换了一下目光，然后说：

"史密森先生，我们是贝格伍兹足球赌金会的。真抱歉，我们弄错人了……"

感悟
ganwu

财富要靠努力工作去创造，馅饼不会从天上掉下来。好的学习成绩也是靠努力得来的，所以尽量不要选择投机取巧的办法，因为每一分成绩的取得和我们的努力都分不开。

·五个人做饭·

很久以前，有五个学者来到维加亚纳加尔有名的帝王旺里希南·德瓦拉雅的宫廷里。这五个学者分别是逻辑学家、语法学家、音乐家、占星家和生物学家。他们都表示自己在某一方面很有专长。在聪明的宰相蒂马鲁苏的建议下，国王让五个人先去自己做饭吃，然后再来接受奖赏。宰相安排他们住在一间宽敞的房子里，并准备好了必要的用具，他还派一些人暗中观察他们的行动。

为了能统筹利用时间，更快地把饭做好，五个学者做了分工。

逻辑学家去市场上买酥油。很快他提着一罐子酥油准备回来了，路上他的逻辑学知识使他动起了脑筋，他自问道：究竟是罐子依赖酥油呢，还是酥油依赖罐子呢？他反复考虑仍然解释不了这个问题。他想最好试验一下，以便弄清这个真理。于是，他把罐子口朝下，一会儿，结果油都洒在地上了，逻辑学家这才弄清了谁依靠谁的问题。他感到很高兴，因为他又发现了一个新的真理，他愉快地拿着空罐子回到了住处。

语法学家去买酸奶。在大街上，他遇到一个卖酸奶的姑娘。他听她说话不合语法，就堵着耳朵走开了。当他往前走时，听到另一个姑娘在叫卖酸奶，她的话发音也不对，于是语法学家走到姑娘旁边说："看来你是个野姑娘，每一个词和每一个字就像神一样神圣，发音不对就糟蹋了它，这是亵渎圣物。"语法学家是不能容忍把短元音发成长元音，把非送气音发成送气音，把一个字母的音发成另一个字母的音的，"这会造成误解。你要认真学习发音，要发正确。"姑娘听了这番教训和责备很不高兴，她回敬说："你是哪儿来的？你才像是一个野人，有什么资格让我好好学习说话。你应首先管好自己的

感 悟
ganwu

生活的各方面都需要专家和精英，但拥有专业的知识却不能灵活运用，仅仅做个书呆子是没用的。我们要学习书本知识，但也要懂得生活常识，两者相结合，才不会闹出笑话。在学习中，你也可把理论知识运用到实践中，如果给你自己折一个盒子，你就可以用上几何知识了。

舌头。如果你想买酸奶的话，就买；不然，就闭上你的嘴，滚开吧！你为什么在这儿浪费时间?"听了这顿数落，语法学家火了，说："如果我从像你这样说话不符合语法的人手里买酸奶，我也会因而招致罪恶。"他说完就走了，因而没有买成酸奶。

占星家来到附近的森林中寻找香料，准备烧菜用。他爬到一棵榕树上去揪树叶，正要揪的时候，听到变色龙"咕噜咕噜"地叫起来。占星家自言自语："这个叫声很不吉利，今天我不应揪香料叶，最好还是下去吧。"当他试图下来时，地上有只蜥蜴叫了起来。他想，这个声音是个吉兆。当他左思右想该怎么办时，天已经快黑了，他只好回到住处，却没有采回香料叶。

生物学家去市场上买菜。他看到那里有各种各样的菜。但是他想，茄子吃了使人发热，葫芦吃了使人发冷，根茎类菜常引起痛风症……他发现每种菜都有缺点，于是回到住处，什么菜也没有买。

当四个学者出去采购时，音乐家开始做饭了。他把开水倒在锅里，再加上米，盖上锅盖。当他把炉子点着时，蒸气"噗噗"地冒出来，把锅盖顶得"啪啦啪啦"直响，听到这种声音，音乐家的灵感来了。他随着锅盖震动的节奏，谱起曲子来。过了一会儿，粥煮开了，它发出的声音很不协调，于是音乐家找来一根粗棍子，使劲地敲起锅来，结果锅被打碎了，煮的粥洒了一地。尽管如此，他仍然很高兴，因为那不协调的声音消失了，当然，粥也没有了。

到了晚上，饭没有做成，每个人肚子都很饿，于是他们聚到一起，互相指责起来，都说，之所以没有做好饭，是别人的错误。

· 轮 扁 论 书 ·

在我国春秋战国时代，有一位擅长做车轮的能工巧匠，他的名字叫轮扁。

一天，齐桓公在殿堂上读书，轮扁在堂下砍削车轮。齐桓公读书读到妙处，不禁摇头晃脑、口中念念有词，很是得意。轮扁见桓公这样爱书，心里觉得纳闷。他放下手中的锥子、凿子，走到堂上问齐桓公："请问，大王您所看的书，上面写的都是些什么呀？"齐桓公回答说："书上写的是圣人讲的道理。"轮扁说："请问大王，这些圣人还活着吗？"齐桓公说："他们都死了。"于是轮扁说："那么，大王您所读的书，不过是古人留下的糟粕罢了。"

齐桓公很是扫兴。他对轮扁说："我在这里读书，你一个做车轮的工匠，凭什么瞎议论呢？你说圣人书上留下的是糟粕，如果你能说出个道理来，我还可以饶了你；如果你说不出道理来，我非杀了你不可！"

轮扁不紧不慢地回答齐桓公说："好吧，就拿我制造车轮这门手艺来说吧。削木为轮，要把轮子做得又牢固结实，又圆转灵活，就得有一种极熟练的技巧。譬如辐条和车毂之间的榫接，宽了虽然容易插入，但松而不固；紧了虽然坚固，但无法插入。因此，榫眼必须斫得分毫不差，这种功夫只能靠得之于心，应之于手。这种熟练的技巧只能在长期的工作实践中才能养成。我不能单用口授的方法将技艺传给我的儿子，我的儿子也不能不经过实践，就把我的技艺继承下去。所以，我今年70岁了，还得在这里做车轮。依此类推，圣人已死，所留下的几本书，也已成为过去的东西，难道国君您所读的不是古人的糟粕吗？"齐桓公当下无言。

感悟 ganwu

圣人及轮扁心中只可意会，不可言传的知识精华也是通过实践得来的，在学习或工作中，我们要达到这样高的境界，必须自己亲自去实践。对文学有深入了解的同学会说文学的殿堂很美妙，光说你是不会体味到美妙的，要自己亲自去体味和实践，才有更多的收获。

"低着头"走完一生的人

文中的儿子一生遵从父母的叮嘱,小心翼翼地走完了一生,虽然他在成长道路上的任何尝试都毫发无伤,但他错过了很多美丽的风光。在实践中,谨慎是好的,但我们应放开自己投入进去,不要瞻前顾后,这样我们才会有更多的收获。

有一对夫妇一直渴望有个孩子,但是,他们却等了10多年才生了个儿子,总算如愿以偿了。

儿子是他们的掌上明珠,夫妇俩想尽办法教导儿子,生怕他吃一点点苦头,他们连走路的方式也清清楚楚地告知儿子:"我的好孩子,走路时记得要看着地上啊!如果你走在木板上要专心看着脚底下,因为木板最容易让人滑倒。"这是儿子开始学习走路时爸爸的叮咛。

乖巧的儿子也相当遵从父亲的教导,只要走在木质地板上,他一定紧盯着脚下。

有一天,他们一家人来到山间游玩,爸爸又教导儿子:"在山路上行走时,你还是要看着地上,每一步都要相当小心,不然你会从山顶摔到山谷中;而下山坡时,你一样要看着脚下,否则一个闪失,你就会扭伤脚踝的,知道吗?"

儿子点了点头,说:"知道了,爸爸!"

有一天,儿子准备到海边旅行,妈妈连忙叮嘱他:"儿子啊!当你走在沙滩上时,千万要小心啊!双眼一定要紧盯着脚下,因为海浪随时都会出现,幸运点儿只会溅湿了你的全身,不幸运的话它会将你卷入海里。"

不久,父母相继离开了儿子。可怜的儿子逐渐长大了,他从小就习惯听爸爸妈妈的教导与叮咛,如今他只能在过去的叮咛中继续生活;对于父母的话,他仍然相当遵从。

儿子认真执行父母的叮嘱,在木板上、在田野间、在上山与下山时,他都用心地盯着脚下。即使来到沙滩上,听见美丽的浪潮声,他也不会抬头看看声音是从哪里来的。不管走到哪里,"听话"的儿子,总是低着头往前走。

儿子从来没有跌倒过,也没有滑倒或碰伤过,几乎毫发无

伤的他，就这么"低着头"，走完他的一生。不过，在他临死前，他仍然不知道，原来天空是蓝色的，天上不仅有美丽的云彩，还有耀眼迷人的星星。此外，他也不知道自己所走过的每一个地方，风光是多么美丽。

· 女孩的遐想 ·

一个女孩在清晨拿着挤好的牛奶到街上去卖。

在这之前女孩已经去街上卖过很多次牛奶了，所以对于上街的路线、市场的地点以及如何卖个好价钱都相当清楚。她和以往一样，把牛奶罐顶在头上，走在通往市场的路上。

天空晴朗，凉风轻柔地吹拂着她的面颊，女孩却对这一切无动于衷。她的心早就飞到了繁华热闹的大街上，满脑子想的都是卖完牛奶后的打算。那时候，她的手上会有一笔钱，往常她总会在卖完牛奶后到市场上买各种各样的小东西，这是女孩私下最大的乐趣。

一想到那些形状特别的水果、香甜可口的甜点，还有色彩鲜亮的布料，女孩就开心无比。她想象着在市场上闲逛的轻松自在，心里快活极了，这可是她那些居住在乡村里的伙伴们无法享受到的。

"对了，甜点铺的隔壁有漂亮的围巾卖。今天去那里瞧一瞧，或许会找到花色美妙的围巾。围上那条围巾到街上的广场走一走，别人肯定认为我是城市出身的女孩或者是好家庭出身的女孩。也许会有人跟我搭讪，那时候该怎么办？如果那个人长得不怎么样，我就只报以浅浅的微笑，直接拒绝。如果那个人很英俊，家世看来也不错，我要怎么办呢？如果那个人问我要不要参加今天晚上的舞会，还伸出手来邀请，我又怎么办呢？在那样的情况下，我即使想接受，也要先隔一点时间，然后才嫣然一笑，给予答复。我必须作出千金小姐的模样，稍微屈膝，点头致意才行……"

好像自己的面前就有一个绅士邀请她跳舞似的，女孩稍稍屈膝，伸出一只手，垂下眼睛致意。这下糟了，头上的牛奶罐掉到地上摔破了。

抱怨命运的猎人

古人强调"未雨绸缪"，反对"临渴掘井"。机遇偏爱有准备的人，总把事情拖到意外发生后才去做，就会措手不及，丧失良机。所以事先我们应做好充分准备，比如在做物理实验之前，把所需要的器材及资料准备齐，这样在进行实验时就不会慌乱了。

一个猎人要去森林里打猎，他带上猎枪、弹药、袋子、猎狗，出门之前，妻子检查了他的东西，发现他的枪筒里未装上弹药。妻子劝他在家里就把弹药装好，他没有听妻子的话，还不以为然地说："不需要！我非常熟悉这条道，连只麻雀也看不到。要到达目的地需要整整一个小时，路上装 100 次弹药都来得及。"于是他带着空枪就上路了。

猎人没走多远，就看见一群野鸭在湖面上嬉戏。如果事先装好弹药，他一梭子弹就能打中六七只，这些野味足够他吃一星期。然而此刻，他只好赶紧装弹药，只是野鸭已经有了警惕，子弹还没有装好，野鸭就大叫一声，振翅起飞，它们高高地在森林上空排成一队，立刻就消失得无影无踪了。

猎人继续在森林里转悠，结果一无所获，甚至没有碰见一只麻雀。而且很不幸的是，突然又下起了大雨。就这样猎人全身都被淋湿，空着双手回到家里。可猎人还只是抱怨命运，而不是自责。

狐狸的办法

森林里有一只狐狸失足掉到了井里，那口井很深，不论它如何努力，如何挣扎仍没法爬上去，还好井下有一块石头，狐狸站在上面，才没有被淹死，但水已经漫到半身了。狐狸只能望着井口发呆。碰巧一只公山羊觉得口渴极了，来到井边，看

见狐狸在井里，便问他井水好不好喝。

狐狸心中暗喜，觉得机会来了，马上镇静下来，向公山羊极力赞美井水好喝："山羊，这水是天下第一泉，清甜爽口，喝了倍感精神，你赶快下来喝个痛快吧。"

公山羊一心只想喝水，便对狐狸的话信以为真，不假思索地跳了下去。

当公山羊咕咚咕咚痛饮完后，才发现自己已经上不去了，就不得不与狐狸一起共商出井的方法。狐狸心里早已打好了如意算盘，他狡猾地说："我倒有一个方法：你用前脚扒在井壁上，再把角竖直了，我从你后背跳上井去，再拉你上来，我们就都得救了。"

公山羊觉得狐狸的这个办法很好，便同意了他的提议。公山羊按照狐狸说的办法把狐狸送出了井。狐狸上去以后，却准备独自走了。公山羊十分生气，指责狐狸不信守诺言。

狐狸回过头对公山羊说："喂，朋友，你的头脑如果像你的胡须那样完美，你就不至于在没看清出口之前就盲目地跳下去了。"

举世无双的射技

从前有个人叫陈康肃，号尧咨，箭术精良，举世无双。他非常骄傲，常常夸耀自己的本领。"我的箭术没人比得上。你们有谁愿意跟我比比啊？"

"师父，您实在是太高明了，我们怎么比得上您呢！""是啊，我们还要多跟您学习学习呢！师父您再表演一下，让我们开开眼界嘛！"这些想从陈康肃那儿学得箭术的年轻人，每天都说些恭维他的话，让他开心，这让陈康肃对自己的本领更自负了。

有一次，陈康肃带着徒弟在院子里练习射箭，引来很多人

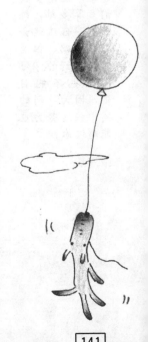

围观。有一位卖油的老头儿挑着担子经过，也停下来，放下担子，斜着眼睛看陈康肃射箭，很久都没有离开。

陈康肃的箭术果然名不虚传，射出的箭十次有八九次都射中靶心。旁边围观的人们大声喝彩，手心都拍红了，只有那位卖油的老头儿，仍用斜眼看着，只稍微点了下头。

陈康肃见老头儿似乎有点儿看不上他射箭的技艺，又生气又不服气，就放下弓箭走过去问老头儿说："你也懂得射箭吗？难道你认为我射箭的技术还不够精吗？""年轻人，你先别生气。你的箭术的确平常得很，没什么值得夸赞的。""老头儿，听你这么说好像很内行，那你就露两手给我们瞧瞧。不服气就比画比画。光说不练有个什么用！""小兄弟，这射箭的本领我可没有，不过让我倒油给你们看看。""倒油，这还用得着你这个老头儿来表演吗？倒油谁不会？别开玩笑啊！""你们还是看了再说吧。"

老头儿说完，就拿了一个葫芦放在地上，又在葫芦口上面放了一枚有孔的铜钱。然后舀了一勺油，眼睛看准了，油勺轻轻一歪，那些油就像一条细细的黄线，笔直地从钱孔流入葫芦里。倒完之后，油一点儿也没沾到铜钱。在人们一片啧啧称奇声中，卖油的老头儿笑了笑，说道："我这点雕虫小技也没有什么了不起的，不过是手熟而已。"

陈康肃看完了表演以后笑了起来，客客气气地把卖油的老头儿送走了。从此他更加努力地练习射箭，再也不夸耀自己的箭术。后来他的人品和箭术一样好。

相信那里的开水不再烫伤

有一位科学家对四只猴子进行实验，他将四只猴子关在一个密闭的房间里，每天给猴子喂很少的食物，让猴子饿得吱吱叫。几天后，实验者从房间上面的小洞放下一串香蕉，一只饿

感悟
ganwu

熟能生巧，功到自然成。再难的事，只要我们不断练习，反复实践，也一定能够轻松自如地掌握其诀窍。如数学，就需要我们多算多练，练多了，自然就会轻车熟路，但是掌握再好的学习本领也不能自负，因为，别的同学经过努力也能超过你。

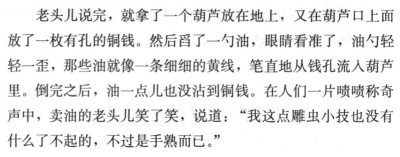

得头昏眼花的大猴子一个箭步冲向前，可是当它还没拿到香蕉时，就被预设机关所泼出的热水烫得全身是伤，当后面三只猴子依次爬上去拿香蕉时，一样被热水烫伤。于是众猴只好望"蕉"兴叹，再也不敢动香蕉了。

几天后，实验者换了一只新猴子放进房内，当新猴子肚子饿得也想尝试爬上去吃香蕉时，立刻被其他三只老猴子制止，并告知有危险，千万不可去拿香蕉。实验者再换一只猴子进入房内，当这只新猴子想吃香蕉时，有趣的事情发生了，这次不仅剩下的猴子制止它，连没被烫过的半新猴子也极力阻止它。

实验继续着，当所有猴子都已换过之后，没有一只猴子曾经被烫过，上头的热水机关也已经取消了，香蕉唾手可得，却没有一只猴子敢前去享用。

感悟 ganwu

香蕉唾手可得，却没有一只猴子敢上前享用。有时候，我们的能力不是不好，我们的技术不是不高，只是我们的勇气不够。实践也是需要勇气的，大胆去做，别怕犯错，不要太相信习惯和经验，你会有新的进步和突破。

书呆子皇帝

南明弘光政权覆亡后，唐王朱聿键改福州为福京，定年号为隆武，建立起了又一个南明小朝廷，史称隆武帝。

隆武帝的人品和才学都算上乘，按说应该能做成一番事业的，但隆武政权却只存在了短短一年零三个月，这是什么缘故呢？隆武帝自身的弱点——书呆子气，是一个重要原因。

1648年，清军大举进攻福建，隆武小朝廷危在旦夕。隆武帝决定率群臣转移到清军力量薄弱的江西，在清军乘胜追赶的情况下，隆武帝竟然舍不得丢掉几十车心爱的书。他跟着拉书的车辆慢吞吞地赶路，从而丧失了摆脱清军追兵的机会。

当隆武小朝廷的人马到达闽赣边境时，本来仍有机会进入尚无清军威胁的江西省境内。然而，就在这个当头，隆武帝偏偏要停下来打开行李晾晒龙袍，以便穿戴整齐地接受臣民的朝见，不幸的是就在这一天，隆武帝被清军追上并做了俘虏。

感悟 ganwu

隆武帝虽然读书很多，但也是书害了他。他"食书不化"，严重脱离实际；加之未经历练、匆忙登上帝位，不但不能力挽狂澜，反而连自己的性命也丢了。我们学习的知识是为了在生活中灵活变通运用，不能让知识束缚我们。

不是不可能

　　有一个人，名叫张明正，他有一个名叫趋势科技的企业。从名不见经传的小店，到坐拥亿计资产的跨国公司，张明正谱写出自己人生史上的华丽篇章。然而这一路走来是艰辛的。

　　张明正在现实生活中认识到计算机病毒的威胁后，于1988年在加利福尼亚成立了"趋势科技"公司，旨在为个人计算机开发防毒软件。

　　1992年的时候，张明正还只是一个小人物，他的"趋势科技"公司在全球的高科技行业中很少有人知道。

　　但是跨入21世纪以后，他的公司市值达到100亿美元。他本人连续两年被美国《商业周刊》选为"亚洲之星"。在全球的高科技行业中，不知道他的人已经很少了。

　　他的事业的转折点是在他还名不见经传的1992年，有一天他突发奇想，想与世界上最大的英特尔公司合作。

　　机会终于来了。英特尔网络部门的主管将在纽约参加一个研讨会，张明正前去求见。

　　第一次去，秘书上下打量着他，看看这个陌生的没有名气的普通的年轻人，然后冷冷地说了一句："主管没有时间。"

　　第二次去，秘书见到是他，不假思索地说："没时间。"

　　第三次去，秘书见到又是他，马上说："主管太忙了，没有时间。"

　　第四次，第五次……张明正下决心非要见到主管不可。

　　他锲而不舍地求见，终于使秘书的态度软了下来，告诉他："主管在开会，什么时候结束说不清楚，您如果愿意可以等他。"

　　张明正当然愿意等。他先是一分钟一分钟地等，然后是一小时一小时地等。在等过了五个小时之后，他日夜盼望的主管

终于露面了。

他告诉主管，他找了他多少次，等了他多少个小时，主管大为惊讶。

主管想，他费这么大劲儿找我，一定有重要事情，于是他耐心地倾听了这个年轻人讲述自己的公司和公司的产品——防毒软件。听着听着，这位主管产生了兴趣，答应使用他们的防毒软件，不仅下了大量订单，而且还同意张明正以英特尔的品牌行销。

张明正没想到后面的事情竟然进展得这样顺利。他知道，像英特尔这样的大牌公司从来不与名不见经传的小公司合作，能够与他合作，真是绝无仅有，他感到万分幸运。有了这样的大好机会，"趋势科技"得以迅速发展。

后来人们问他成功的秘诀时，他感慨万千地说：很多事情不是不可能，而是看你有多大的决心去尝试。浅尝辄止，尝试了也等于没有尝试。非得本着破釜沉舟的态度，志在必得，才有成功的希望。他说，怕什么呢？他不理你，反复让你吃闭门羹，你又损失什么呢？什么也不损失，反而得到了磨炼的机会。

别让自己有时间去害怕

克里蒙·史东是美国联合保险公司的董事长，美国的商业巨头之一，被称为"保险业怪才"。

史东自幼丧父，家里经济困难，靠母亲替人缝衣服维持生活，为补贴家用，他很小就出去卖报纸了。有一次他走进一家饭馆卖报纸。气恼的餐馆老板一脚把他踢了出去，可是史东只是揉了揉屁股，手里拿着更多的报纸，又一次溜进餐馆。那些客人见他这种勇气，劝经理不要再撵他，并纷纷买他的报纸看。史东的屁股被踢痛了，但他的报纸却卖出去了。

感悟
gǎnwù

有些事一犹豫，害怕就会乘虚而入，十有八九事情就会被放弃。很多时候，比如当考砸的一份地理试卷发下来时，我们要做的不是面对分数唉声叹气，而是要找出错的原因，我们强迫自己立刻去做，好让自己没有时间去害怕。对于某些事，如果我们克服恐惧心理，大胆地去做，说不定也能创下一个纪录。

史东一直勇敢地面对困难，不达目的绝不罢休。

史东在上中学的时候，开始试着推销保险。但来到一栋大楼前，当年卖报纸时的情形又出现在他眼前，他一边发抖，一边安慰自己"如果你做了，没有损失，而可能有大的收获，那就下手去做"，而且"马上就做"！

他走到大楼前想，如果被踢出来，他准备像当年卖报纸被踢出餐馆时一样，再试着进去。幸运的是，他没有被踢出来。每一间办公室，他都去了。他的脑海里一直想着："马上就做！"每一次走出一间办公室，而没有收获的话，他就担心到下一间办公室会碰到钉子。不过，他毫不迟疑地强迫自己走进下一间办公室。他找到一项秘诀，就是立刻冲进下一间办公室，就会因没有时间感到害怕而放弃。

那次，有两个人跟他买了保险。就推销数量来说，他是失败的，但在了解他自己和推销术方面，他有了极大的收获。

第二天，他卖出了4份保险。第三天，6份。他的事业开始了。

20岁的时候，史东自己设立了只有他一个人的保险经纪社，开业的第一天，他就在繁华的大街上推销出了54份保险。

经过不断地积极进取，终于有一天，他创下了令人几乎不敢相信的纪录——122份。史东对自己的事业更加充满信心了，他的事业从此如日中天。

池塘上漂有几个橙子

西班牙曾有位叫彼得罗一世的国王，对于很多人来说，他是正义的象征。

一天，彼得罗一世宣布他将公开选拔法官，消息一传出去，很多人都跃跃欲试。

这天，有三个人来毛遂自荐，其中有一个是宫廷的贵族，一个是曾经伴随着国王南征北战的勇敢的武士，还有一个是普通的教师。国王决定对他们进行一次特殊的考核。

于是，在宫廷人员和三位候选人的陪伴下，国王离开王宫，率领众人来到池塘边，只见池塘上漂浮着几个橙子。众人们都不明白国王的意思。

"池塘上一共漂着几个橙子啊？"这时国王发话了。贵族走到池塘边，开始点数。

"一共是6个，陛下。"

国王没有表态，继续问武士同样的问题："池塘上一共漂着几个橙子啊？"

"我也看到了6个，陛下！"武士甚至没有走近池塘就直接回答了国王的问题。

国王没有说话。

"池塘里有多少个橙子啊？"他最后问教师。

教师什么也没有说，径直走近池塘，脱掉鞋子，进到水里，把橙子拿出来。

"陛下，一共有3个橙子！因为它们都被从中间切开了。"教师说。

"只有你知道如何执法。"国王说，"在得出最后的结论之前，我们应该加以证明，因为并不是所有我们看到的都是事情的真相。"

祈祷，只能让你停留在等待中

小克莱门斯今年4岁了，妈妈决定让他上学。小克莱门斯所在的班由霍尔太太带，霍尔太太是一位虔诚的基督徒，所以她每次上课之前，都要领着孩子们进行祈祷。

有一天，霍尔太太给孩子们讲解《圣经》，当讲到"祈祷，就会获得一切"时，小克莱门斯忍不住站了起来，他问道："如

果我向上帝祈祷呢？他会给我想要的东西吗？""是的，孩子，只要你愿意虔诚地祈祷，你就会得到你想要的东西。"

小克莱门斯记住了霍尔太太的话。他从来没有吃过面包，一直以来特别想得到一块尝一下。因为他的同桌，一个金头发的小姑娘每天都会带着一块很诱人的面包来到学校。她常常问小克莱门斯要不要尝一口，小克莱门斯每次都坚定地摇头，但他真的很想尝一口。

放学的时候，小克莱门斯对小姑娘说："明天我也会有一块大面包。"回到家后，小克莱门斯关起门，无比虔诚地进行祈祷，他相信上帝已经看见了自己的表情，上帝一定会被自己的诚心感动的！然而，第二天起床后，他把手伸进书包里，可是除了一本破旧的课本外什么也没有发现，再翻家里的其他地方，还是没有看到面包的踪影。他决定每天晚上坚持祈祷，一定要等到面包降临。

一个月后，金头发的小姑娘笑着问小克莱门斯："你的面包呢？"

小克莱门斯已经无法继续自己的祈祷了。他告诉小姑娘，上帝也许根本就没有看见自己在进行多么虔诚的祈祷，因为，每天肯定有无数的孩子都进行着这样的祈祷，而上帝只有一个，他怎么会忙得过来？小姑娘笑着说："原来祈祷的人都是为了一块面包，但一块面包用几个硬币就可以买到了，人们为什么要花费那么多的时间去祈祷，而不是去赚钱买呢？"

小克莱门斯听了小姑娘的话后，觉得很有道理，他决定不再祈祷。他相信：只有通过实际的工作，才能获得自己想要的东西；而祈祷，永远只能让你停留在等待中。小克莱门斯对自己说："我不要再为一件卑微的小东西祈祷了。"他带着对生活的坚定信心走上了新的道路。

多年以后，小克莱门斯长大成人，当他用笔名马克·吐温发表作品时，已经是一名为了理想勇敢战斗的作家了。

感悟
ganwu

有的同学经常幻想自己成为一流的画家、舞蹈家等，可连画笔也没有握过，跳舞是怎么一回事也不懂。与其花费时间和精力在那些虚无缥缈的东西上，不如相信真实的自己，通过自己的劳动去换取那些自己想要的东西。要知道，只有奋斗和努力才是真实的，只有去做了，付出了汗水，才能得到自己想要的东西。

第 *6* 章
人非生而知之，孰能无惑

　　在求知的道路上，怀疑犹如一粒学问的种子，没有它就开不出知识的花，也结不出智慧的果。伟大的法国作家巴尔扎克曾经说过："打开一切科学的钥匙都毫无疑问是问号，而生活的智慧，大概就在于凡事都问个为什么。"质疑之所以可贵，就贵在思索，敢于设想，敢于创新，敢于发现真理。

世上的路不是走的人越多就越平坦越顺利，只会沿着别人的脚印走，不去质疑一下能否走过去，不敢去探索新的路，不仅走不出新意，有时还可能会跌进陷阱。这路就如我们的学习方法，学习方法有多种，"轻松学习法"对于一些同学有用，但是对另外一些同学不一定见效，所以，我们要结合自己的实际情况进行探索。

准备穿过沼泽地的一群人

在一个地方有一片沼泽地，这片沼泽真让人气愤，因为要到对面的城堡去，就必须从沼泽地经过。

一天，一个人要穿过沼泽地，因为没有路，便试探着走。虽很艰险，左跨右跳，竟也能找出一段路来，可没走多远，他不小心一脚踏进烂泥里，沉了下去。

又有一个人要穿过沼泽地去对面的城堡，他看到前人的脚印，便想，这一定是有人走过，沿着别人的脚印走一定不会有错。用脚试着踏去，果然实实在在，于是便放心走下去。最后也一脚踏空陷入了烂泥里。

又有一个人要穿过沼泽地，看着前面两人的脚印，想都没想便沿着走了下去，他的命运也是可想而知的。

又有一个人要穿过沼泽地，看着前面众人的脚印，心想：这必定是一条通往沼泽地彼端的大道，看，已有这么多人走了过去，沿此走下去我也一定能走到沼泽地的彼端。于是大踏步地走去，最后他也沉入了烂泥。最终人们都无法到达对面。

质疑亚里士多德

亚里士多德是古希腊著名的思想家和学者，他的思想在很长一段时间里被奉为金科玉律。当时，要是有学生提出一个问题，老师只要说"这是亚里士多德说的"，学生便不敢再怀疑。可年轻的伽利略却与众不同，凡事都喜欢多想一想、试一试。

有一次，伽利略看到亚里士多德在他的著作中说，如果把两件东西从空中扔下，必定是重的先落地，轻的后落地。伽利略对他的这个说法表示怀疑，他认为是同时落地。后来他还和同学、老师谈论起这个问题，可当时没有人相信他，还觉得他

有点神经质。

为了证明自己的观点，伽利略宣布，要在比萨斜塔进行试验，学校里的很多教授认为伽利略这样公开向亚里士多德的权威观点进行挑战，会毁了他们的声誉。他们对此大为不满，于是便和校长一起来了，想看伽利略当众出一次丑，好杀杀他的傲气。这时，早有一帮学生，将伽利略拥到塔下。

一会儿，伽利略便爬上斜塔的阳台。比萨大学的校长、教授和学生，还有许多看热闹的市民，将斜塔围了个水泄不通。就是此时，也还是没有一个人相信伽利略是对的。这时，只见伽利略将身子从阳台上探出，左右双手各拿一个铁球，一个比另一个要重十倍。当他两手同时撒开时，只见这两只球从空中落下，眨眼之间，"咣当"一声，同时落地。塔下的人，一下子都呆了。

伽利略从塔上走下来，校长等人立即将他围住，说："你一定是施了什么魔法！亚里士多德是绝对不会错的。"伽利略说："如果不信，我还可以上去重做一遍，这回你们可要注意看着。"校长说："不必做了，亚里士多德全是靠道理服人的。重东西当然比轻东西落得快，这是公认的道理。就算你的实验是真的，但它不符合道理，也是不能承认的。"伽利略说："好吧，既然你们不相信事实，一定要讲道理，我也可以来讲一讲。就算重物下落比轻物快吧，我现在把两个球绑在一起，从空中扔下，按照亚里士多德的道理，你们说说看，它落下时比重球快呢，还是比重球慢？"校长不屑一顾地说道："当然比重球要快！因为它是重球加轻球，自然更重了。"

一个老教授挤上前来说："当然比重球要慢。它是重球加轻球，轻球拉着它，所以下落速度应是两球的平均值，介于重球和轻球之间。"

伽利略问道："可是世上只有一个亚里士多德啊，按照他的理论，怎么会得出两个不同的结果呢？"

校长等人说不出话来了。伽利略慢慢地说："看来还是亚里士多德错了！物体从空中自由落下时不管轻重，都是同时落地的。"

校长等人半天也想不出一句反驳的话来，眼看着他们所崇拜的千古圣人亚里士多德的理论，就这样被这个初生牛犊轻易地推翻了。

伽利略发现的这个现象，后来就被总结为"自由落体定律"。

感悟
ganwu

俗话说，尽信书不如无书。书本是我们获取知识的有效途径，但不应成为禁锢思想的枷锁，我们要敢于去质疑书本上的东西，要不然有一天可能会像动物学家一样吃尽苦头。比如思想政治和时事比较近，我们就应结合实际来学。

动物学家和犀牛

有一位南非动物学家到大草原进行考察，一天日上中天，天气异常闷热，在草原上行走的动物学家和一头大犀牛不期而遇。

动物学家看到这庞大的犀牛时，一下慌了神，不禁出了一身汗，他知道犀牛一嗅到可疑的气味，便会往散发气味的地方狂奔过来，横冲直顶……

犀牛果然朝他这边过来了。来到动物学家的身旁，这头犀牛不断摇头，动物学家紧皱的眉头一下子又舒展开了。

因为动物学家记得，以前看过一本叫《犀牛习性科学研究指南大全》的书，根据其中第十二章第十二节的分析，犀牛摇头无非有两大重要信号：

其一，摇头说明它对另一方没有敌意，它不会主动进攻另一方；

其二，摇头说明它可能见到了漂亮的异性，因发情而摇头。

我是人，它不会连我也感兴趣吧？

动物学家想和犀牛来一次近距离的"亲密接触"，好好观察它。接着，动物学家便神情自若地和犀牛"对峙"起来，双方相持了一分钟，刚好是一分钟。61秒后，犀牛却突然猛冲过来，动物学家当场被顶了个人仰马翻，身上不知留下了多少

处骨折。

动物学家倒在地上，吐着断牙，奄奄一息："怎么会这样，这书上明明说……"此时他才意识到刚才犀牛并未真正摇头，而是在驱赶钻入耳朵里的苍蝇……动物学家悔恨自己不该尽信书，可是已经晚了。

苏格拉底的轻易肯定

《狐狸和葡萄》是《伊索寓言》中的名篇，主要内容是：狐狸吃不到葡萄，就自我解嘲地说："这葡萄是酸的，还没有成熟。"

一天，柏拉图拿着《伊索寓言》对苏格拉底说："老师，伊索先生的《狐狸和葡萄》虽然立意很好，但是却有一个严重的错误——狐狸是吃肉的，哪会吃葡萄啊？"

苏格拉底听了，觉得很有道理，就拍了拍柏拉图的肩膀，称赞道："孩子，你这个问题提得很好。"

随后，苏格拉底对他的学生们说："名人也是会犯错误的。狐狸是食肉动物，可伊索在寓言中却写狐狸想吃葡萄，这就未免有点可笑了。"他还再次对柏拉图敢于质疑名人的勇气给予了肯定。

事情过了不久，苏格拉底应一位种植葡萄的朋友的邀请，去他那里做客。饭后，他们在葡萄园里散步的时候，突然发现一只狐狸正在大口大口地偷吃葡萄，而且狐狸好像对这种水果非常感兴趣，一口一串，葡萄汁顺着它的嘴直往下流。苏格拉底和朋友的到来惊动了它，它慌忙从藤上又扯下一串葡萄，恋恋不舍地转身逃走了。这个场景让苏格拉底惊诧不已。

"狐狸不是食肉动物吗？它怎么会吃葡萄？"苏格拉底问他的朋友。

他的朋友笑了："狐狸可喜欢吃葡萄了！在我这个葡萄园里，经常有狐狸出没，我一次要损失好几斤葡萄呢！"

|感 悟
gǎnwu

质疑是可贵的，可是如果当我们在面对别人的质疑时，像苏格拉底一样，在还没有弄清事情的真相时，就盲目地对别人的质疑给予肯定，很可能非但不会帮助别人，反而会误导别人。

听了朋友的话，苏格拉底沉默了。

从朋友那回去后，苏格拉底把他看到的情景讲给学生们听，然后问学生："当一个人在没有弄清事情真相的时候，就轻易地肯定一个质疑，是不是显得很可笑？"

学生们说："是。"

苏格拉底真诚地说："看来，我就是这样一个可笑的人了。"

大陆漂移说

"大陆漂移说"在与魏格纳同时代的人看来无异于天方夜谭、痴人说梦，但是在强大的舆论压力面前，魏格纳并没有退缩，他大胆地提出自己的疑问，更为难得的是，他通过认真的分析研究，终于证实了自己的设想。质疑不仅要敢于提出问题，还要有解决问题的信心和能力。在做化学题时，当你想问题如何解或为何这样解时，进一步追究，充满信心去解决自己的疑问，会有更大的收获。

魏格纳是科学史上的一位巨人，德国伟大的科学家、气象家。1910年的一天，年轻的魏格纳因病住进了医院。天性好动的他，在病房里坐卧难安，就像软禁在牢笼中的困兽一般。他耐着性子，面对墙上的地图发呆。实在无聊时，魏格纳就站起来，用食指沿着地图上的海岸线，画着各个大陆的海岸线，借此消磨时光。

他画完了南美洲，又画非洲；画完了大洋洲，又画南极洲。突然，手指慢了下来，停在地图上南美洲巴西的一块突出部分，眼睛却盯住非洲西岸呈直角凹进的几内亚湾。瞧！这两者的形状竟是让人不可思议地吻合！魏格纳被自己偶然的发现惊呆了，他精神大振，"难道这是真的？"他站在地图面前，仔细端详着美洲和非洲大陆外形上的特点。果然，巴西东海岸的每一个突出部分，都能在非洲西海岸找到形状相对应的海湾；同时，巴西的每个海湾，又能在非洲找到相应的突出部分。

"这不会是一种巧合吧？"兴奋的魏格纳一口气将地图上一块块的陆地都进行了比较，结果发现，从海岸线的相似形状看，地球上所有的大陆块都能够较好地吻合在一起。

于是，这位病中的年轻人脑海里形成了一个奇想：在太古时代，地球上所有的陆地都是连在一起的，即只有一块巨大的大陆板块。后来因为大陆不断漂移，才分成今天的各个大陆，因而它们之间的海岸线有着惊人的吻合。

魏格纳没有急于向世界公布自己的发现，病好后他一头扎进科学研究当中。为了给自己的学说寻找证据，他随后收集了包括海岸线的形状、地层、构造、岩相和古物等多方面的资料，并认真地进行了分析研究，终于在1915年完成了科学巨著《海防的起源》，正式提出了"大陆漂移说"。

魏格纳大胆的设想成为一则爆炸性的新闻，在全世界范围内引起了轰动。"什么？非洲和南美洲连在一块儿？""荒唐！怎么没有大西洋？"这一打破"常识"的学说引来了人们的斥责，很多人表示疑惑和不解。有人甚至认为魏格纳是"精神病患者"。

魏格纳没有理会世人的非难，在以后的日子里，他不断地提出有力的证据，慢慢地，人们开始接受这种曾经被认为是"异想天开"的设想。

魏格纳提出的"大陆漂移说"，否定了自古以来人们一直认为大陆不变的观点，第一次成功地解释了地球上陆地和海洋分布现状的成因，把地质学向前推进了一大步；同时，也为找矿和地震预报等提供了科学依据。

一头被蒙住了眼睛的牛

一天，主人把牛从牛栏中拽出，去拉水车。牛很不情愿，在井台上总是走走停停。主人很着急，想方设法调动牛的积极性。开始用草，后来用精饲料，可无论怎样激励，牛的干劲都毫无起色。气得主人想出一招儿，用一块布蒙住了牛的眼睛。这个办法很有效，牛很有劲地拉着水车走了下去。

傍晚，牛被牵回牛栏。另一头牛看它浑身是水，惊奇地问："大哥，你到哪儿去了？"这头牛神秘地说："老弟，我今天干了一项非常重要的工作，主人牵我去了一个很远很远的地方，是只有马才能有幸到达的地方，而且这工作对主人非常重

感悟 gǎnwù

牛自鸣得意，对于蒙住眼睛的布没有打过问号。对于愚昧者来说，被人蒙上眼睛要比睁开眼睛走路开心得多，因为这样可以逃避现实，沉迷于幻觉中。如果我们总不敢去质疑，人云亦云，别人的做法和话语就如蒙住牛眼睛的布，挡住了我们前进的方向。

要。主人对我的工作非常满意，一路上赞声不绝。"

第二天，主人又把这头牛牵出去拉水车，这头牛摆头摇尾，无比的自豪。于是它又被蒙上眼睛，一圈圈地在井台上拉着。

重新发现人体构造

15 世纪前后，西方生物学领域对古希腊医学家盖伦的崇拜达到了近乎盲目的地步。比如，盖伦说人的大腿骨是弯的，可是实际解剖结果是直的，人们就说盖伦那个时代人的腿骨就是弯的，是因为现在的人穿裤子，把大腿穿直了。

这些现在看起来简直荒唐可笑的说法，在当时居然被奉为"常识"。而首先打破这种错误"常识"，重新"发现"人体构造的，是比利时的医学家维萨里。

维萨里 1514 年出生在比利时布鲁塞尔的一个医学世家。少年时的维萨里受父亲的影响，从小就学会了解剖狗、兔子和鸟等小动物。1537 年他在意大利的帕多瓦大学完成了学业，获得医学博士学位，后来又被任命为这所大学的解剖学教授。

由于当时在法国解剖尸体的机会非常少，维萨里为了获得尸体进行解剖，曾经偷过绞刑架上的死囚的尸体。在实际的解剖实践中，维萨里发现了许多与盖伦的理论相冲突的地方，他坚持认为是盖伦的理论错了。为此学生时代的他还多次和老师发生争执。由于维萨里在公开场合坚持反对盖伦，引起了封建教会的注意，他们想要镇压他这个"异端"。维萨里听到风声，只好逃到了当时言论比较自由的意大利，在那里的大学里继续研究。

在研究过程中，维萨里翻阅了盖伦的所有手稿，发现了盖伦理论错误的根源。原来，盖伦生活的时代解剖尸体是违法的，盖伦没有办法，只能去解剖猩猩和猴子，然后把结果用在了人的身上，于是产生了许多偏差。

那时候的外科医生们只照着盖伦的理论说空话，连手术都

感悟
gǎnwù

维萨里亲自解剖人体，从而证实了盖伦理论的错误，让人们对人体构造重新有了认识。对别人的理论提出质疑还不够，还应该用实验来证实自己的质疑是有根据的。比如在学物理时，对有些结论有疑问，不如亲自去做实验求证，看看谁的观点正确。

不亲自做，而让助手甚至理发师去做。可维萨里是个勇于实践的人，他经常召集社会各界人士，亲自解剖，给大家做演示。这大大改变了人们以往对人体构造的错误看法，修正了盖伦理论不当的地方。

另外，维萨里还根据自己多年来实际解剖的经验和成果，编写了一部名为《人体的构造》的科学著作，用形象的插图和不容争辩的事实，准确地描述了人体的结构，以及各个结构组成在人体中的功能。正是在他努力的基础上，现代医学才得以建立起来。

找出关键点

一次，美国福特汽车公司的一台大型发动机发生了故障，为了排除故障，福特公司请了很多人来修，可都束手无策，最后请来了德国著名的电机专家斯坦门茨。

斯坦门茨围着机器转了两圈后，用粉笔在电机外壳的某处画了一个"×"，然后吩咐公司负责人说："把做记号处的线匝减少16匝。"负责人照斯坦门茨说的做了，问题迎刃而解。斯坦门茨索要了1万美元的报酬。

许多人议论纷纷，说画一个"×"就要1万美元，实在是太多了。斯坦门茨回答道："用粉笔画一个'×'值1美元，知道在哪里画'×'值9 999美元。"

此语一出，众人皆默然。

敢于质疑权威

福井谦一，是日本著名的物理化学家，他创立了"前沿电子轨道理论"，这个理论成为解释和探寻化学反应过程的重要方法。他因此荣获1981年的诺贝尔化学奖。

感悟
ganwu

画"×"是人人都能做到的，知道具体在哪里画"×"却是极少数人才具备的才能。许多人都会质疑，可是却很少有人会在心底问过自己是否具有质疑的学识和能力，以及质疑的要点是否抓住了。我们在提出疑问时，要善于抓住关键点，才会疑而有价值。

感悟
ganwu

不盲从定论和权威，敢于向既定结论挑战，并坚持自我是福井谦一取得成功的秘诀。科学的态度就应该是相信科学而又不迷信人类已有的知识，更不迷信权威。

1938 年，福井谦一进入京都大学工学部工业（应用）化学专业学习。从此以后，他开始努力学习各种专业知识，渐渐地对化学反应产生了兴趣，认为这是一门非常重要的学问。而且他还很偏爱理论物理学，对量子力学更是情有独钟。他当时还产生了一个大胆的想法：既然有数理物理学，为什么就不能有数理化学呢？长久以来，化学是一门经验性很强的科学，化学家们总是依靠反复的化学实验来摸索前进的道路，缺乏严谨的基础科学理论的指导。随着科学的发展，特别是在 19 世纪末到 20 世纪前期，化学基础理论的发展明显落后于物理学的发展。而福井谦一要将当时处于物理学前沿的量子力学理论引进到化学领域，创建新的化学基础理论。

但是，日本化学界非常注重应用技术，而福井谦一又是一名刚跨进校门不久的化工专业大学生，所以有许多人认为他是不务正业，而他那有悖于化学传统研究方式的设想更令一些教授们认为是不切实际的狂妄之举。

当福井谦一 1952 年首次发表包含有新理论观点的论文时，仍有许多同行颇不以为然，尽管如此，福井谦一还是我行我素，在遭人鄙视的情况下继续进行钻研，并完成了化学反应中的前线电子轨道理论。后来，这一理论成为分子轨道理论的重要组成部分，并成为现代化学中最重要的基础理论之一。

标准答案一定正确吗？

一天，老师正在给学生们讲解俄罗斯作家屠格涅夫的作品《麻雀》。《麻雀》主要讲的是：一个猎人带着一条猎狗走在森林里，这时，一只刚出生不久的小麻雀不小心从窝里掉了下来，猎狗一见，就要吃那只小麻雀。于是，猎狗匍匐着向小麻雀靠近。在这危急关头，一只老麻雀"呼"地飞了下来，它一边发出凄惨的叫声，一边用身体挡住了小麻雀。老麻雀样子非常威猛，与猎狗展开了周旋。猎狗被老麻雀吓着了，居然倒退了好几步。猎人也产生了同情心，于是把猎狗给牵走了。

讲完后，老师问学生："同学们，这只老麻雀的行为表现了什么精神？"学生们都机械地回答道："表现了伟大的母爱。"这个答案就是课文的标准答案。

这时，有个男学生举起了手："老师，我不同意这个答案！"

老师问："为什么？"

男同学说："怎么知道这只老麻雀是母麻雀呢？这篇课文我从头看到尾没有一个地方说明它是一只母麻雀，怎么能说这是表现了母爱而不是父爱呢？"

老师觉得他说得很有道理，于是表扬道："对，你非常具有独立思考能力，我们应该把答案改成老麻雀的行为表现了伟大的亲子之爱，包括母爱与父爱。"这个男孩的聪明就在于敢于质疑标准答案，敢于提出与他人不一样的问题。

· 月 夜 蝉 声 ·

《荷塘月色》是我国著名的散文家朱自清先生写的一篇散文，非常优美。上学的时候我们都读过这篇文章，但很少有人留意过里边写的月夜的蝉声。一次，一位细心的读者看了，对此表示怀疑，他觉得蝉在夜里是不叫的。于是便写信给朱自清，提了这个问题，朱自清接到信以后，对这个问题很重视。

为了证实这个问题，朱自清走访请教了很多人，还特地到昆虫学教授刘崇乐先生府上求教。刘教授查阅大量的资料终于得到答案，他对朱自清说："蝉在夜里也是叫的。"

从刘教授那里得到证实后，朱自清仍不放心，他想：可能资料上记载的是个特殊情况。于是他便写回信给那位读者，信上说，感谢他提出的宝贵意见，并表示以后若再刊登《荷塘月色》这篇散文时，要删掉月夜蝉声的句子。

不久以后，朱自清来到内地，又两次特地在月夜里听蝉声，证实无疑，这才放心了。

不！

面对数百名权威故意设下的圈套，小泽征尔大胆地说了"不"，并最终赢得了比赛。在许多时候，质疑权威，是需要很大的勇气的，保持这种勇气，能帮助我们自己赢得成功。

小泽征尔是"世界三大东方指挥家"之一。他指挥的曲目十分广泛。

一次，他去欧洲参加指挥家大赛，决赛时，他被安排在最后。评委交给他一张乐谱，小泽征尔稍做准备就全神贯注地指挥起来。

突然，他发现乐曲中出现了一点不和谐，开始他以为演奏错了，就指挥乐队停下来重奏，但仍觉得不自然，他感到乐谱确实有问题。可是，在场的作曲家和评委会权威人士都声明乐谱不会有问题，是他的错觉。面对几百名国际音乐界权威，他不免对自己的判断产生了动摇。但是，他考虑再三，坚信自己的判断是正确的。于是，他大声说："不！一定是乐谱错了！"他的声音刚落，评判席上那些评委们立即站起来，向他报以热烈的掌声，祝贺他大赛夺魁。

原来这是评委们精心设计的一个"圈套"，以试探指挥家在发现错误而权威人士不承认的情况下，是否能够坚持自己的判断，因为，只有具备这种素质的人，才能真正称得上是世界一流的音乐指挥家。在三名选手中，只有小泽征尔相信自己而不附和权威们的意见，从而获得了这次世界音乐指挥家大赛的桂冠。

爱迪生的"为什么"

世界上最伟大的发明家爱迪生一生取得了很大的成就，这与他从没有停止过问"为什么"并不断追求有很大关系。爱迪生对凡事都想问个为什么，虽然他没有将自己所问的问题都回

答出来，然而他所得出来的答案的数量却是非常之多。

有一天，爱迪生在路上碰见一个多日不见的好朋友，看见这位朋友的手指的一个关节肿了。爱迪生问道：

"你的手指为什么肿了呢？"

"我还不知道确切的原因。"

"你为什么不知道呢？那么医生知道吗？"

"每个医生说的都不一样，不过多半的医生都说这是痛风症。"

"什么是痛风症？"

"他们告诉我说这是尿酸积淤在骨节里。"

"既然如此，他们为什么不从你的骨节里取出尿酸来呢？"

"他们不知道怎么取。"他的朋友回答说。

"为什么他们会不知道怎么取出来呢？"爱迪生很生气地问。

"因为尿酸是不能溶解的。"

"我不相信。"爱迪生回答道。

与朋友分别后，爱迪生急忙回到实验室，立刻开始试验尿酸到底能不能溶解。他排好一列试管，每只试管里都放入 1/3 不同的化学试剂，每种试剂中都放入几颗尿酸结晶颗粒。几天之后，他看见有两种液体中的尿酸已经溶化了。于是，这位大发明家又有了新的发明问世，这个发明也很快得到实际应用。现在这两种液体中的一种在医治痛风症中普遍受到应用。

质 疑

威廉姆·戈茨很喜欢收集艺术品，但苦于没有钱，他从来没有行动过。后来他挣了大钱，终于可以开始实现自己的收藏梦了。威廉姆·戈茨开始收集珍贵的艺术品。第二次世界大战结束后的那几年，他用大约 5 万美元在欧洲买了一幅凡·高的

感悟 ganwu

戈茨坚持自己的意见没有迷信专家的鉴定结果，最后的事实证明戈茨是正确的。在专家面前，我们应该学会坚持自我，当然，更重要的是用方法来证明自己的正确。

自画像《烛光下学习》，并带回了美国。凡·高的一位亲戚后来看到了这幅画并声称自己的叔叔从来没有画过这幅画。戈茨不希望因为某人的一句话就损失了全部投资，于是就委托与纽约著名的都市艺术博物馆有关的 4 位专家进行鉴定。最后，专家们因多种原因，对作品的真实性表示严重怀疑。

尽管遇到挫折，戈茨还是沉着应对，一向足智多谋的戈茨已经有了办法。他将自己的画运出美国，然后再次进口。果然海关要收取 5 000 美元的关税，因为只有原始作品才可以免税进口。戈茨按照自己的计划，拒绝支付关税，声称该作品为凡·高的真品，因而迫使海关官员必须核实作品的真实性，经过检查鉴定，海关专家注意到画像细节部分有日语的字迹，包含了凡·高在其真实性毫无争议的其他作品中的同样的错误，它们证明都市艺术博物馆的专家们的鉴定结果是错的！

胡适先生的三味药

1960 年，胡适应邀去台南成功大学为毕业生作了一场题为"一个防身药方的三味药"的讲演，虽并无惊人之语，但出自像他那样一个著名的成功人物之口，又以他自己几十年的生活经历为证，还是颇有点说服力的。

胡适先生的"一个防身药方的三味药"到底是什么？

一是"问题丹"。胡适认为它是每个即将进入社会的大学生的"第一要紧的救命宝丹"。"问题是一切知识的来源。只要你有问题跟着你，你就不会懒惰了，你就会继续有知识上的长进了"。为了解决那些"时时引诱你去想它"的问题，你就会克服种种困难解决之。

大千世界，各行各业，我们不论干什么工作，其实都是在与问题打交道，都是在发现问题，思考问题，解决问题。能者与庸者的区别就在于能者是主动地找问题，庸者是被动地接受

问题。能者以解决问题为享受，庸者一看见问题就头疼，能者推着问题走，庸者被问题推着走。以胡适为例，早在留学期间，他脑子里就装了一个"问题丹"，整天苦思冥想"如何使吾国文字易于教授"。回国后，与几个志同道合者为这个问题奔走呼号，摇旗呐喊，不懈努力，终于开创了白话时代。推而广之，孙中山的"问题丹"是推翻清朝的专制制度，周恩来的"问题丹"是"为中华崛起"，钱学森的"问题丹"是科学救国，袁隆平的"问题丹"是水稻如何提高产量，他们都为自己的"问题丹"殚精竭虑，并取得辉煌成就，成为一代伟人。

二是"兴趣散"。他说"每个人进入社会，总得多发展一点专业以外的兴趣"，这种专业之外的玩意儿"不是为了吃饭而是心里喜欢做的，用闲暇时间做的"，可以使生活"更有趣，更快乐、更有意思"，甚至在某些时候"一个人的业余活动也许比他的职业更重要"。

爱因斯坦的"兴趣散"是拉小提琴，因为有兴趣，乐此不疲，他的演奏几近专业水平，同时也印证了他的名言：兴趣是最好的老师。作为作家的契诃夫，他的"兴趣散"是写小说，因为以苦为乐，锲而不舍，他成了世界著名作家。人生在世，至少得真心对一两样东西感兴趣，譬如王羲之养鹅，李太白嗜酒，郑板桥爱画竹，贾岛喜炼句，苏轼好禅，米芾爱石，都成了名家美谈。就说咱平民百姓，工作之余，读书、看球、看法、绘画、收藏、旅游、棋牌、钓鱼、跳舞等，你总得迷上一两样才好，倘若什么都没兴趣，这日子也未免过得寡淡冷清了一些。

三是"信心汤"。胡适用"努力不会白费"来鼓励青年，"在这个年头，看见的，听见的，往往都是可以叫我们悲观、失望的。有时候可以叫我们伤心，叫我们发狂"，这样的时代，正是培养我们信心的时候。人无信心，百事难成，这是放之四海而皆准的真理，也是任何想成功、想取胜、想成才、想出类

拔萃者不可或缺的一味"药"，当然，这个信心必须是建立在方向正确、方法得当、努力奋斗基础之上的。

如今书店里摆着很多所谓成功学的书，但有不少是胡编乱造，蒙人骗钱的。胡适先生的防身药方，倒有点像今天的"成功学"。虽然单独看都失于平常，没有新意，可把这三味药配成一服药，让它起化学反应，就会药性大增，疗效显著，很有些意思了，那些刚走向社会的年轻人不妨一试。备好"问题丹"，乐服"兴趣散"，常饮"信心汤"，我们的生活怎么能不丰富多彩！

感悟
ganwu

生活中，很多人都被专业知识及一些固有的模式主宰了自己的思考，于是解决问题时显得呆板木讷了，也渐渐失去了质疑、突破与改变的勇气。

空手道冠军的习惯

在美国的一条高速公路上，两辆车因为小的剐蹭，导致两位驾驶员一言不合，就在道路边打了起来，这两位驾驶员，一个是普通人，另一位则是知名的空手道冠军。交手不到数分钟，结果出来了。这个结果隔天变成了美国头版新闻。

打架的结果是空手道冠军输了，原来原因是："空手道冠军有一个习惯，就是不打头部，腰部以下也不打。"可是普通的人没有学过，因此，没有受到制度与规定的束缚，直接的一拳就击在空手道冠军的鼻梁上，让冠军就此倒地不起！

中学生击败大学教授

1980年秋，美国佛罗里达州17岁的优秀中学生丹尼尔·洛文在有83万考生参加的全国考试中，数学成绩优异：50道题答对了48道。但听到考分后，他并不像别的孩子在取得好成绩时那样兴高采烈，相反，他很不满意。因为他所做的第44题被判为错题，而他确信，他的答案是正确的。为

此，他甚至还做了一个模型，向他的父亲——航天飞机环境系统工程师道格拉斯·洛文来证明自己是正确的。丹尼尔后来回忆说：我爸爸想证明是我错了，可他证明不出来。不仅是丹尼尔的父亲，就连在专业数学家协助下准备这次考试的新泽西州普林斯顿教育考试部门，也无法证明出丹尼尔的答案是错误的。听从了道格拉斯·洛文的告诫，考试出题人后来研究了丹尼尔的论证，不得不承认，丹尼尔的答案至少是和他们自己的答案一样正确，并且可能还要好些。结果，考试部门不仅给丹尼尔，还给选择相同答案的其他 25 万考生增加了考分，虽然有的学生在选择这一答案时的想法并不一定正确。这位年轻人是怎样以其才智胜过考试界大人物的呢？这道引起争论的题是这样的：这是两个棱锥的图形，一个棱锥由 4 个三角形构成，另一个由 4 个三角形和一个矩形底面构成。所有的三角形都是大小相同的等边三角形。提问：如将两个棱锥的两个三角形重合，以此来连接这两个棱锥，那么，新的立体将有几个面？测试者期望的是通过简单的推理得出答案：两个棱锥共有 9 个面，由于在连接这两个棱锥时消去了两个三角形面，所以新的立体的面共有 7 个。对吗？对了。复审这道题的大学数学教授小组是这样认为的。但丹尼尔却说，不对。他认识到，如果将两个棱锥的两个三角形面重合在一起，实际出现的情况是：一个棱锥的另外一个面将同另一个棱锥的一个面分别重合，因而要多减掉两个面，所以新的立体总共有 5 个面。数学专家们在亲自动手做了模型之后，认输了。佐治亚大学的杰洛米·吉尔帕特里克承认："我们脸红了。"考试部门的副主任亚瑟·科若附言道："我们原来想这是个逻辑和推理的测试，可结果弄清楚了它是个立体几何方面的问题。"由于这太容易使人产生误解，他说："这道题根本就不该出。"

感悟 ganwu

　　丹尼尔用模型证明了大学教授的错误。丹尼尔用他的行动告诉我们，学习贵在质疑，敢于发现问题，并通过努力去解决问题，学习才能有进步。

我那时的主张是不对的

1921年，罗斯福在新泽西州的一个小镇集会上，向文化层次较低的乡下人发表了一篇演讲。当他在这篇演讲中说到女子也应踊跃参加选举时，听众中忽然有人大声喊道："先生！这句话和你5年前的意见不是大相径庭了吗？"

"可不是吗？5年前，我确实另有一种主张的，现在我已深悟我那时的主张是不对的！"罗斯福不是回避或者掩饰，而是坦诚地回答道。

他的这种坦诚、忠实、诚恳、亲切的回答，不但使那位问话的人获得了满意的答复，其他听众也丝毫未觉察出他有什么不安的情绪。

喜欢与人争论的读书人

有一个读书人，本来没有什么大学问，但有一个嗜好：不论见到什么事都喜欢与人争论。

一天，这个读书人到一个邻居那儿去，好像是请教邻居而实则是刁难人。他问邻居说："你说为什么大车的车身下面和骆驼的脖子上，都系着铃铛呢？"

邻居回答说："大车和骆驼都很大，而车和骆驼又经常在夜间赶路，如果它们一旦狭路相逢，就会难以回避而相撞。因此，给它们挂上铃铛正是为了在离得还较远时就互相给对方送个信，以便提前回避。"

不等邻居说完，那人又问："佛塔的顶端也挂着铃铛，佛塔永远都固定在一个地方，难道佛塔也需要挂上铃铛以便夜间行走避免相撞吗？佛塔为什么也要挂上铃铛呢？"

邻居有点儿不高兴地说："你这个人真是死板。你没看到

捡起每一枚硬币

有两个年轻人，A君和B君，他们都怀着成功的愿望，一同去找工作，希望能碰到适合自己发展的机会。有一天，当他们走在街上时，同时看到一枚硬币躺在地上，A君看也不看就走了过去，B君却将它捡了起来，如获至宝似的显得很兴奋。

A君对他同伴的举动露出鄙夷之色。连一枚硬币也捡，真没出息！于是迈开大步就走了。B君望着远去的A君心中感慨：让钱白白地从身边溜走，真不应该！

到底谁才是真正的没出息呢？

后来巧的是，这两个年轻人同时进了一家公司。公司规模小，工作量很大，待遇也不高，A君了解这些情况后，不屑一顾地走了，而B君却高兴地留了下来。

两年后，两人又在街上相遇，B君已成了一位小老板，而A君还在找工作。

A君对此无法理解："你怎么能如此快地发了财呢？"

B君说："因为我不会像你那样绅士般地从一枚硬币上走过去，我会珍惜每一分钱，而你连一枚硬币都不要，怎么会发财呢？"

感悟 ganwu

金钱的积累是从"每一枚硬币"开始的，任何一种成功都是从一点一滴积累起来的，如果没有这种心态，就不可能得到更多的财富。

一个政治家和一个商人的生活原则

托马斯·杰弗逊是美国第三任总统，他在给孙子的忠告里，提到了以下10点生活原则：

1. 今天能做的事情绝对不要推到明天。
2. 自己能做的事情绝对不要麻烦别人。
3. 决不要花还没有到手的钱。

4. 决不要贪图便宜购买你不需要的东西。

5. 绝对不要骄傲，那比饥饿和寒冷更有害。

6. 不要贪食，吃得过少不会使人懊悔。

7. 不要做勉强的事情，只有心甘情愿才能把事情做好。

8. 对于不可能发生的事情不要庸人自扰。

9. 凡事要讲究方式方法。

10. 当你气恼时，先数到10再说话，如果还气恼，那就数到100。

约翰·丹佛是美国硅谷著名的股票经纪人，也是有名的亿万富翁，在对记者的一次回答中，他也发表了对以上几个问题的看法。从鲜明的对比中，我们可以看出一个政治家和一个商人的截然不同。

1. 今天能做的事情如果放到明天去做，你就会发现很有趣的结果。尤其是买卖股票的时候。

2. 别人能做的事情，绝不自己动手去做。因为我相信，只有别人做不了的事情才值得我去做。

3. 如果可以花别人的钱来为自己赚钱，我就绝对不从自己的口袋里掏一个子儿。

4. 我经常在商品打折时候去买很多东西，哪怕那些东西现在用不着，可是总有用得着的时候，这是一个预测功能。就像我只在股票低迷的时候买进，需要的是同样的预测功能。

5. 很多人认为我是一个狂妄自大的人，这有什么不对吗？我的父母、我的朋友们在为我骄傲，我看不出我有什么理由不为自己骄傲，我做得很好，我成功了。

6. 我从来不认为节食这么无聊的话题有什么值得讨论的。哪怕是为了让我们的营养学家们高兴，我也要做出喜欢美食的样子，事实上，我的确喜欢美妙的食物，我相信大多数人有跟我一样的喜好。

7. 我常常不得不做我不喜欢的事情。我想在这个世界上，

感悟 gǎnwù

不同的行业，不同的人，有不同的生活方式和做人原则，进一步说就是，成功没有固定的模式，一味模仿别人不可能取得大的成就。所以，我们要学会在学习过程中总结出属于我们自己的成功模式。

我们都没有办法完全按照自己的意愿做事。正像我的理想是一个音乐家，最后却成为一个股票经纪人一样。

8. 我常常预测灾难的发生，哪怕那个灾难的可能性在别人看来几乎为零。正是我的这种动物的本能使我的公司在美国的历次金融危机中逃生。

9. 我认为只要目标确定，就要不惜代价去实现它。至于手段，在这个时代，人们只重视结果，有谁去在乎手段呢？

10. 我从不隐瞒我的个人爱好，以及我对一个人的看法，尤其是当我气恼的时候，我一定要用大声吼叫的方式发泄出来。

没有心的鹿

狮子和狐狸是一对要好的朋友，一天，勇猛的狮子不小心摔伤了，躺在山洞里，非常难受。他曾经听说吃了鹿心可以疗伤。于是对他的好友狐狸说："我现在伤得很严重，需要鹿的心来治疗，就劳烦你把森林中最大的鹿骗到这里来。"

狐狸难推却狮子的要求，于是行动了，他走到树林里，看见树林里玩耍的大鹿，便向他问好，并说道："我告诉你一个好消息。你知道，国王狮子是我的邻居，他伤得很厉害，看样子快要死了。他正在考虑，森林中谁能继承他的王位。他说野猪愚蠢无知，熊懒惰无能，豹子暴躁凶恶，老虎骄傲自大，只有大鹿才最适合当国王，鹿的身材魁梧，年轻力壮，他的角使蛇惧怕。我何必这么啰唆呢？你一定会成为国王。这消息是我第一个告诉你的，如果你信任我的话，我劝你快去见他一面吧，他有重要的事情要和你交代。"

经狐狸这么一说，大鹿被搞糊涂了，也没多想，便跟着狐狸来到山洞里。

一到山洞里，狮子猛然朝大鹿扑过来，用爪子撕下了他的耳朵。大鹿拼命地反抗，最终有幸逃回了树林里……

狐狸辛辛苦苦白忙一场，他两手一拍，表示毫无办法了。狮子忍着疼痛，十分懊丧。他请求狐狸再想想办法，用诡计把大鹿再骗来。狐狸说："你吩咐我的事太难办了，这是最后一次了。"

于是，他费尽心思寻找大鹿的脚迹，心里不断盘算着坏主意。狐狸问其他动物是否见到一只带血的大鹿，他们告诉他大鹿在树林里。

狐狸来到树林里，看到大鹿此时正在休息，就毫不羞耻地来到大鹿的面前。大鹿一见狐狸，气得毛都竖了起来，说："坏东西，你休想再来骗我了！你再靠近，我就对你不客气。"狐狸说："你怎么这样胆小怕事？你难道怀疑我，怀疑你的朋友吗？狮子抓住你的耳朵，只是垂死的他想要告诉你一点儿关于王位的忠告与指示罢了。你却连那软弱无力的手抓一抓都受不住。现在狮子对你非常生气，要将王位传给狼。那可是一个坏国王呀！快走吧，不要害怕。我向你起誓，狮子决不会害你，我将来也专伺候你。"狐狸再一次欺骗了可怜的大鹿，并说服了他。

大鹿跟着狐狸来到洞里，刚一进洞，就被狮子抓住饱餐了一顿，并把他所有的骨头、脑髓和肚肠都吃光了。狐狸站在一旁看着，鹿的心脏掉下来时，他偷偷地拿过来，把它当做自己辛苦的酬劳吃了。狮子吃完后，仍在寻找鹿的那颗心。狐狸远远地站着说："鹿真是没有心，你不要再找了。他两次走到狮子家里，送给狮子吃，怎么还会有心呢！"

一个和天气生气的人

有一段时间连续下着倾盆大雨，一个人站在院子里指着天空大骂："这老天真可恶，下这么多雨把我给害惨了，衣服湿了，粮食潮了，柴火湿了……还不停，还不停……"

这时，邻居听见了，出来对他说："你骂得这么带劲，连自己被雨淋也不顾，有用吗？我看它都被你骂怕了。"

"哼，它能听到就好了，可实际上一点用都没有。"骂天者气呼呼地回答。

"既然如此，那你为什么还在白费劲呢？"邻居问。骂天者语塞了。

邻居继续说："与其在这儿骂老天，不如先修好屋顶，再向我借些柴火，烘干衣服，烘干粮食，在屋里做些平时没空做的事情。"

感悟 gǎnwu

只会去骂天，责怪天气不好，却不知道利用这连续几天的下雨天气总结出自己该怎么做，何时去做，那这个人永远只是白费力气，做不出任何有实际效益的事。

胡适的"日省"

20世纪初中国新文化运动中的重量级人物胡适，后来担任过北大校长，这位博学多才、学贯中西、文史哲兼通、著作丰富的大学者，从小就接受了母亲让他"日省"的教育。

胡适出生在安徽绩溪一个世代经商的家庭里。在两岁时就在父亲的教导下开始学写方块字，背诵《三字经》、《千字文》，三岁后入家塾。但是很不幸的是，父亲在胡适不满五岁时便因病去世了，此后便由母亲冯氏担负起教育胡适的重任。

胡适的父亲胡传是一位仕官学者，夫妻二人感情一直很好，冯氏受丈夫的影响很深，她十分敬佩丈夫的人品和学问，丈夫在世时教给她不少古文知识，如《论语》以及其他一些几世流传下来的经典书籍。冯氏常常用丈夫教给她的道理知识教

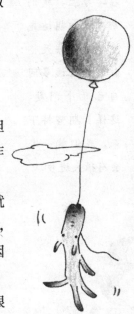

感悟
ganwu

现在许多孩子在学习、生活上缺乏自制力，不能始终严格要求自己，时刻反省自己的行为，总是一味地放任自流。这样下去的结果就是使自己变得更加懒散。其实，无论是在生活中还是在学习上，我们都应该向胡适先生学习，每天临睡前也应该多问自己几个问题，这样长期坚持下来，我们就一定会有很大进步。

育儿子，特别是用《论语》等教育孩子要学会日省自律。

南方的冬天其实并不比北方暖和，相反由于屋里没有北方生火的炕，所以要比北方冷得多。胡适的家乡绩溪上庄就是这样一个地方。冬天来临时，天气非常的冷，这时候，早上起早去上学的小胡适就不太愿意了，因为被窝里实在是太暖和了。

有一天早上，窗外刮着呼呼的大风，天气非常冷。7点半已过，小胡适还躲在被窝里，母亲在外屋做好了早饭，就喊："适儿，该起床了，吃早饭了，吃完了上学去。"

母亲喊了半天，见胡适没反应，就进屋掀开胡适的被子，对他说："儿子，该起来了，再不起来，上学就来不及了。"

被子被母亲一掀开，胡适立即感到有一股冷意，不高兴地说："娘，没听到外面刮这么大的风吗？我不去了，天气太冷了。"

"乖啊，怎么能不去上学呢？不去功课可就落下了，和其他同学不同步了。"

但是，母亲的话小胡适一点也听不进去，对母亲的坚持也表示不理解，丢下一句："不去就是不去！"说完就干脆把整个脑袋缩进被窝里了。

母亲这下生气了，不过她还是压住了心头的怒气，尽量温和地对孩子说："你父亲在世时，就经常说过，一个人如果任由着自己的性子去做事，而不能对自己有点自我约束是成不了大事的，你现在就因为刮一点点风就不想去上学了，你还对得起你的父亲吗？"

在被窝里，胡适听到母亲提及父亲，顿时知道自己的行为让母亲伤心了，也想起了父亲平时对自己严厉的教导。于是，一骨碌翻身起床，说："娘，您别伤心，我去我去。"

就这样，母亲冯氏遵循丈夫的遗志，时常教导儿子要学会自律。同时，她还让儿子经常通过反省来约束自己。她以曾子名言"吾日三省吾身，为人谋而不忠乎，与朋友交而不信乎，传不习乎?"来鞭策和鼓励儿子。

　　每天临睡前，胡母就坐在床沿上，叫儿子站在窗前搁脚板上"省吾身"：今日说错了什么话，做错了什么事，该背的书是否背熟，该写的帖是否写完。胡母在督促儿子自省之后，又对儿子讲他父亲生前的种种好处，以及是如何规范约束自己的行为的，她说：

　　"我一生只晓得你父亲是一个完全的好人，对自己非常的严格，每天都会静思反省。你要向他学习，不要丢他的脸。"

　　经过母亲这样的谆谆教导后，当又一个寒冷的早晨来临时，小胡适虽然也想再多睡会儿，但他用母亲的话来提醒自己，以父亲为榜样，立刻就起床了。所以后来，每当晨光微露时，母亲一叫他，胡适就很快起床了，因为私塾的钥匙放在老师家里，所以胡适总是天蒙蒙亮时就得赶到老师家门口。听到敲门声，里面就有人把钥匙从门缝里递出来。胡适接到钥匙后，就立即赶往私塾把门打开，一个人静坐读书，等待老师和同学的到来，并且天天如此。

　　胡适长大后，想起小时候母亲对自己的教育，称他的母亲是"慈母兼严父"，母亲给予胡适的爱让胡适终身感念。同时，母亲对他的严格要求，特别是让他学会了约束自己，这更是对他以后的为人处世乃至治学都有很重要的影响。

被浓缩的智慧

　　有一个富翁年岁已大，他把万贯家产留给了子孙，但他还想留下点儿真正能帮助家族世世兴旺的秘诀。

　　于是，富翁高薪招聘十几位大智慧者，给他们一年时间，编写一本最具有智慧的书。

　　这些鸿学大儒就在富翁的庄园里住了下来，认真编写着智慧书，一年过去了，他们编成了洋洋洒洒的六大卷。

富翁没看就说，虽然这些都是智慧，但它太多了，我担心我的子孙会没兴趣读，请你们浓缩一下。

一个月后，那些饱学之士经过删减，将六大卷文字浓缩成一卷。富翁看了看，还是认为字太多了。

于是，这十几个智者再慢慢地将那一卷文字浓缩成一章，再浓缩成一节，之后浓缩成一段，最后只剩下一句话。

由六大卷书浓缩成的这句话只有四个字：认真做人！

十 分 钟

有一个小孩完成作业后喜欢玩电脑，他的母亲很恼火，认为会耽误学习，每次都要把电脑关掉。可孩子却好像入了迷，总是躲着大人玩，母亲连打带骂也不管用。后来，父亲看出孩子的潜质，决定换一种方式来疏导孩子，便在一旁撮合："给你再玩十分钟。"母子俩的"战争"从此烟消云散。这个孩子后来不仅考上了一所名牌大学，而且还成为一名电脑奇才。短短的十分钟，在平实的心境中，使一个人的爱好和智慧得以挥洒和延伸，并最终有所成就，这是孩子的母亲始料不及的。

一位演奏家偶然在一所普通的中学听到一个普通的语文老师弹奏《海边的阿迪丽亚》，发现其演奏水准丝毫不亚于专业音乐手，于是惊讶地问："请问你熟悉这首曲子花了多少时间？"这位老师微笑道："十分钟。"在专家疑惑的目光中，她的一番解释让人感叹不已："我们学校有一架钢琴，原来有一个音乐老师，后来她因故离开了学校，我就有机会来到琴房，每天利用课间十分钟来弹奏这首我心爱的曲子，从最初的音阶练起，才能在今天把它弹得这样好。"

小山村里的两个年轻人

古时候有一个小山村，在山村里有两个年轻人，都靠打猎为生，其中一个开朗豁达，而另一个阴郁消沉。有一天村里的一个老猎人在打猎的时候，不小心跌到山下摔死了，尸体被村里人抬回来。

这两个年轻人看到后，都觉得很惨。

那个开朗的就说："前车之鉴，我以后在打猎的时候要小心一些。"说完话就没有把这件事放在心上，依然像过去一样每天出去打猎，只是在这以后的每一次出猎时，都安安稳稳的。既不害怕自己会摔死，也不去做冒险的事，他平平安安地度过了自己的一生，直到86岁才寿终正寝。

而那个阴郁的人看过之后，心里万分害怕，生怕自己也像老猎人一样从山上摔下来死去，于是就整天提心吊胆，连出猎都不敢去了。但是又没有吃的，在家待了几天后，只得上山打猎，由于这几天老是东想西想的，没吃好也没睡好，导致精神恍惚，到山上后眼前老是有老猎人的尸体在晃动，走路也东倒西歪的，结果一个没留神，摔了一跤，头磕在山石上晕了过去，被出外觅食的野狼咬死，等到村里人发现时，只剩下一堆烂衣服和骨头了。

建个"百宝囊"

托尔斯泰是俄国的大文豪，他常常幽默地对别人讲，他有一个贮藏万物的"百宝囊"。他的"百宝囊"是什么呢？就是笔记本。他从来不离开他的"百宝囊"，日积月累，厚积薄发，从中变幻出一个又一个动人的形象。为了描写1813年战争时期的俄国社会风气，他翻阅摘抄了70多种、包含几百卷的历

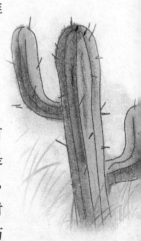

史著作，连他自己的家也变成了一个藏书万卷的图书馆。

无独有偶，被人们誉为"短篇小说之王"的俄国作家契诃夫，也有一个"百宝囊"，他还向人介绍说他的"百宝囊"里有"整整100个题材"。

我国大作家老舍先生的"百宝囊"里储存着人物的语言、性格、外貌……写作时需要什么就到这个"囊"里去找，可方便呢！

一首启蒙偈

般特是释迦牟尼的弟子，他为人忠厚、善良，学习也够刻苦，释迦牟尼很喜欢他。但是般特生性有些愚钝。于是佛祖让五百罗汉轮流教他，希望有一天他能成大器，可是他仍然没有什么大的长进。

诲人不倦的佛祖把他叫到面前，不厌其烦、逐字逐句地教他一首偈："守口摄意身莫犯，如是行者得度世。"

佛祖说："滴水可以成海。你不要瞧不起这首偈，不要认为它过于简单，过于浅显，稀疏平常。如果你能真正学会这首偈，并能将其融会贯通，运用自如，那就是一件很不容易的事情了！"

般特听从了佛祖的教导，无论是严寒还是酷暑，般特都集中精力、精益求精地专学这首偈。功夫不负有心人，他日复一日地推敲琢磨，终于彻底领悟了其中的含义与奥秘。

般特的进步，佛祖看在眼里，喜在心上。过了一段时间，佛祖派他去给附近的女尼讲经说法。那些女尼早就听说过这个愚笨的般特，都瞧不起他，认为他不能胜任讲经说法这个重要工作。虽然她们心里是这样想，但表面上还是以应有的礼遇对待他。

般特坦白而谦虚地对女尼说："我生来愚钝，在佛祖身边

只学得一偈，现在给大家讲讲自己的体会，希望静听。"

接着便开始念偈："守口摄意身莫犯，如是行者得度世。"

话音刚落，女尼们哄堂大笑："这实在是太简单了，真不值一提，我们都倒背如流了。"

般特不动声色，从容不迫、认真地讲下去，讲得头头是道，娓娓动听。一首看似普普通通的启蒙偈，竟让他深入浅出地讲出了无限深邃的佛理。

女尼们听得如痴如醉，对般特顿时刮目相看，不禁心悦诚服地感叹道："一首启蒙偈，居然可以理解、发挥到如此淋漓尽致的地步，实在是高人一筹啊！"

佛祖给众弟子写了一幅字："学不在多，贵在力行。"

佛祖也给般特写了一幅字："一偈得道。"

锦囊·诗袋·瓦罐

李贺是中唐著名的诗人，又是从中唐到晚唐诗风转变的一个代表者。李贺热爱诗歌，视诗歌为生命的一部分，为了把诗写好，他每天起得很早，背上饭兜、锦囊，骑上一匹瘦马，沿着一条小溪漫游。一路上，他细心观察和了解自然景物，即景吟诗，每逢想出佳句就写在纸条上，放入锦囊之中。母亲看着儿子那装满记有诗句纸条的锦囊，十分心疼地说："哎呀！孩子啊，你把心呕出来才罢休吗？"可是李贺并不觉得辛苦，反而从中得到很多乐趣，后来在李贺的不辞辛劳、精雕细琢下，他的诗篇千年传颂。

无独有偶，宋代著名诗人梅尧臣，凡外出游玩或访亲会友时，总是随身带着一个号称"诗袋"的布袋，看到什么新鲜的事或美丽的风景，有的得句，有的成诗，立即用笔在纸上记下，投入袋中。长此以往，梅尧臣的诗作获得了很高的成就。

与李贺、梅尧臣相映生辉的是元末明初的文学家陶宗仪，他积累资料的办法既不是"锦囊"和"诗袋",也不是现代的"卡片箱",而是一只奇妙的"瓦罐"。他曾在松江隐居过,那时,他一边参加农业劳动,一边利用休息时间在树荫下捋摘树叶,记录他的所见所闻、所思所想,然后将这些"树叶"放入家中的瓦罐里。日积月累,年复一年,10年间积累了十几大罐。后来,他用这些资料写成了一部共有30卷的巨著《南村辍耕录》。

三个旅行者

三个旅行者早上出门时,一个旅行者带了一把伞,另一个旅行者拿了一根拐杖,第三个旅行者什么也没有拿。

晚上归来,拿伞的旅行者淋得浑身是水,拿拐杖的旅行者跌得满身是伤,而第三个旅行者却安然无恙。于是,前两个旅行者很纳闷,问第三个旅行者:"你怎么会没有事呢?"

第三个旅行者问拿伞的旅行者:"为什么你淋湿了而没有摔伤呢?"拿伞的旅行者说:"下雨的时候,我很高兴有先见之明,撑开伞在雨中大胆地走,衣服还是湿了不少;泥泞难行的地方,因为没有拐杖,所以小心翼翼,就没有跌跤。"

然后,他又问拿拐杖的旅行者:"你为什么没有淋湿而摔伤了呢?"拿拐杖的说:"下雨的时候,我因为没有带雨伞,便找能躲雨的地方走,所以没有淋湿;当我走在泥泞坎坷的路上时,我便用拐杖拄着走,却不知为什么常常跌跤。"

第三个旅行者听后笑笑说:"这就是为什么你们拿伞的淋湿了,拿拐杖的跌伤了,而我却安然无恙的原因。当大雨来时我躲着走,当路不好时我细心地走,所以我没有淋湿也没有跌伤。你们的失误就在于你们有凭借的优势,有了优势便少了忧患。"

吃 烧 饼

有一个人他肚子饿极了，就找到一家卖烧饼的铺子去买烧饼充饥。当他拿到烧饼时便狼吞虎咽地吃起来，吃了一个不饱，又买一个，再买一个，就这样他一连吃了 6 个，结果感觉还是不饱，于是他又买了第 7 个烧饼，只吃了一半便饱了。这时他开始后悔起来，懊丧地自责说："唉，我怎么那么愚蠢啊，前面吃的 6 个烧饼都白白浪费了。早知道这半个烧饼就能吃饱的话，我就不用去买前面那 6 个烧饼了！"

生活的篓子

有一个人觉得生活很沉重，常常感到近乎绝望，他想寻找一个解脱的办法，于是去见了一个远近闻名的哲人。

和哲人见面后，他把自己的苦恼都倒了出来，哲人没有说什么，只是把一个篓子递给这个人，叫他背在肩上，指着一条沙砾路说："你把这条路走完，不过我有一个要求，你每走一步就捡一块石头放进去，看看有什么感觉，回来我再告诉你答案。"那人照哲人说的去做了，哲人便到路的另一头等他。

过了一会儿，那人走到了头，哲人问有什么感觉。那人说："觉得越来越沉重。"哲人说："这也就是你为什么感觉生活越来越沉重的道理。当我们来到这个世界上时，每个人都背着一个空篓子，然而我们每走一步都要从这世界上捡一样东西放进去，所以才有了越走越累的感觉。"

那人问："有什么办法可以减轻这种沉重吗？"

哲人问他："你愿意把工作、爱情、家庭、友谊哪一样拿出来呢？"

那人不语，慢慢明白了哲人的话。

感悟
ganwu

马克·吐温的经验告诉我们：读书学习必须勤于动笔，多做读书笔记，多积累总结有用的资料，提高文字表达能力；这样能训练思维的逻辑性、条理性。因此，我们每个人从学生时代起，就应该学会做笔记的方法，养成做笔记的习惯，这定会让我们受益终生。

马克·吐温抄菜单

马克·吐温是美国批判现实主义文学的奠基人，世界著名的短篇小说大师。这位大师曾被人戏称为"笔记迷"，可见他做学问记笔记有多出名。

有一次，马克·吐温邀请一些朋友去饭馆吃饭，当大家都入座后，马克·吐温手里拿着一张菜单，大家都以为他准备点菜，只见他拿出笔和纸就抄了起来，抄了很多，大家以为他要点很多菜，吓了一跳，过一会儿大家才明白过来他在为自己抄菜单。朋友们见此很不高兴地问他："你是请我们来吃饭的，还是让我们来陪你抄菜单的？"马克·吐温这时才意识到自己的失礼，他赶忙道歉，这才平息了朋友的怨气。他抄这些菜单有什么用呢？后来在他的一篇小说里便出现了这张菜单，使小说里的乡土气息被衬托得更加浓厚。马克·吐温曾经说过："一个作家应该像画家一样，身上经常带着笔和纸，记录有意义的事情。"而他在现实生活中也真这么做了，这为他日后的创作提供了丰富的材料。

承担起生命的职责

一只雄鸡已经年老，当它奄奄一息快要离开这个世界时，它对守候在身旁的孩子说："孩子，我已经不行了，从今以后，每天早晨呼唤太阳的职责，要由你来承担了。"

少年雄鸡点点头，伤心地注视着慢慢闭上了眼睛的父亲。

第二天一早，少年雄鸡飞上谷仓的屋顶。它脸朝东方，放开喉咙啼叫。但是，它发出来的却是一种缺乏力量的、时断时续的嘎嘎声。

这天太阳没有升起，乌云布满天空，淅淅沥沥的毛毛细雨

下个不停。饲养场上的所有动物都气坏了，跑来责怪少年雄鸡。

"真是倒霉透了!"猪叫道。

"我们需要阳光!"羊也叫起来。

"雄鸡，你必须啼叫得更响一些!"公牛说，"太阳离我们有9 300万英里远，你的叫声那么细小，它能听得见吗?"

少年雄鸡被大家说得很难过，它决心一定要练好自己的本领，给家族争光。过了几天，少年雄鸡又一早就飞上谷仓的屋顶。它放开喉咙大声啼叫，这次发出的啼鸣声非常洪亮，在雄鸡啼鸣史上是空前的。

"吵死人了!"猪说。

"耳朵都要被震破了!"羊叫道。

"头都要听炸了!"公牛抱怨说。

"对不起，"少年雄鸡说，"但是我是在尽自己的职责。"

它心里充满了自豪感，它看见了，在那遥远的东方，一轮红日正从丛林后面冉冉升起。

20年，不是一个小数目

李文和他的父母去海边度假。一天清晨，李文和他的妈妈在海滩看完日出后，发现很多海星被潮水冲到了海滩上，当海水退去，海星就留在了海滩上。这时他看到一位白发的老者正弯下腰拣起一个个海星，把它们扔回到大海里。李文问他的妈妈："这位老爷爷在做什么?"

妈妈回答道："老爷爷在救这些海星，我们也去帮忙好不好?"

李文挠了挠头说："海滩上有那么多的海星，就我们三个人，能救几个呢?"

这位白发的老爷爷听到了这对母子的对话，回过头对李文

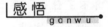

感悟
ganwu

没有风浪，就没有帆的本色。促使成功的最大向导，就是人从自己的错误中总结出来的教训。

感悟
ganwu

老爷爷每次就只能救那么一些海星，但长此以往累积起来的话，却是一个惊人的数目。很多事情就是这样，看起来可能遥不可及，但只要我们一直这么努力，就一定会创造奇迹。

说："一个早晨也许救不了多少，但是我每天早晨都来这里，而且我已经坚持了20年，相信这也不会是一个小数目了吧！"

斑马和狮子

有一匹年轻的斑马在它的族群中享有很高的威望，它之所以得到这样的待遇，是有原因的。

有一次斑马遇到了狮子，它们俩对峙起来，最后斑马在逃避狮子的袭击时，本能地向后一踢，恰好踢中狮子的额头，狮子应声倒地，一会儿工夫就命归西天了。这个消息很快传了出去，大家都非常佩服斑马，于是群马就认为这匹斑马是上帝派来保护马群的天马。在大家的推崇下，它成了马群的领袖。狮子们也都不敢贸然前去找它们的麻烦。

一年后，年轻的斑马在幸福安逸中发福了。庞大的体形配上油光发亮的毛皮，让大家一眼就知道它是"马中之尊"，加上慢悠悠的走路姿态，十足的领袖身份。

一天，一头流浪的狮子来到了这里，见到斑马群就垂涎三尺。它寻觅了一下，见弱者不少，不是骨瘦如柴，就是小如羔羊，实在不能满足自己的胃口。正犹豫不决时，它的眼睛突然一亮，年轻的斑马领袖出现了，它油光发亮，这引起狮子很大的兴趣。凭它的判断，这匹马虽不年迈，但绝对没有奔跑力。想到这里，这头流浪狮子喜出望外，于是一纵身向那匹它看好的斑马扑去。

年轻的斑马也已发现这头狮子向它袭来，除了加快速度夺路逃窜之外，还使出了曾经踢死一头狮子的本领，抬后腿频频向狮子踢去，可这头狮子狡猾地一偏头就躲过去了，并趁斑马放慢了速度之际，一口咬断了它的喉管。众斑马见它们的领袖被一头很一般的狮子未费多大力气就捕获了，个个停止奔跑瞪起惊奇的眼睛。

偶然的成功算不了什么，要想拥有真本事，我们还得在生活中，不间断地总结经验和教训，不间断地苦练本领，只有这样才能为自己的生存和发展打下坚实的基础。否则，偶然的成功或许就是将来永远的失败。

善于融会贯通

莱纳斯·鲍林是美国著名的理论化学家，他在进入俄勒冈农学院后就非常珍惜所获得的学习机会，勤奋刻苦地学习，决不轻易浪费一分一秒，总是如饥似渴地吮吸着各方面所需的知识营养。

鲍林认为：课本上每章每节的知识是分散的、孤立的，要想形成知识体系，课后必须要花时间去整理、总结。通过对所学知识进行概括，可以抓住应掌握的重点和关键。他在学习中十分注意提炼升华，举一反三，力求深刻理解诸多学科的定义、概念及其相互关系和区别。每学习一个专题，他就要把分散在各章中的知识点连成线、辅以面、结成网，使学到的知识系统化、规律化、结构化。他说："这样运用起来才能连贯畅通，思维活跃。"最后正是他的这些好习惯助他走上了成功之路。

感悟 ganwu

学知识要不断积累，积少成多，这就要求要善结知识之网，鲍林就是善于整体掌握，融会贯通所学的东西，形成系统化、规律化、结构化的知识体系。对于自己所学的每门学科，我们应养成总结的好习惯，把它们归纳起来，学习效率才会提高。

沙漠中走散的骆驼

沙漠里有五只骆驼在不停地走啊走，天很热，大家都不知道路的尽头在哪里。因为它们和主人率领的十只骆驼走散了，前面除了黄沙还是黄沙，它们只能凭着最有经验的一只老骆驼的感觉往前走。

不一会儿，从它们的右侧方向走出一只精疲力竭的骆驼。原来它是一周前就走散的另一只骆驼。其他骆驼轻蔑地说："看样子它也不是很精明啊，还不如我们呢！"

"是啊，是啊，别理他！免得拖累咱们！"

"咱们就装着没看见，它对我们可没有什么帮助！"

"看那灰头土脸的样子……"

感悟 ganwu

我们当然可以嘲笑别人的失败，但如果我们能从别人的失败中总结经验，那最好不过了。把别人的失败当成对自己的有益忠告，这才有利于我们的成长。

年轻的骆驼你一言我一语，都想避开这只骆驼。老骆驼终于开腔了："它对我们会很有帮助的！"

老骆驼热情地招呼那只落魄的骆驼过来，对它说道："虽然你也迷路了，境遇比我们好不到哪里去，但是我相信你知道往哪个方向是错误的。这就足够了，和我们一起上路吧！有你的帮助我们会成功的！"

与众不同的青年人

感悟
ganwu

我们不但要善于发现，更要善于总结，并且要懂得灵活运用自己总结的经验，像故事中的青年人一样，一步步向成功的大门逼近，不断获得更大的成功。

有座山上盛产一种奇形怪状的石头，可是当地人都对这种石头熟视无睹，他们总是把石块砸成石子，然后卖给铺路的人。但是，当地有个青年人发现：山上的石头只要稍经加工，就能变成一件艺术品，然后作为商品进行出售。几年后，这个青年人靠出售用这种石头做成的艺术品，成了村里第一个盖楼房的人。从这件事上，他总结出一条经验：让自己的优势与众不同。

后来，很多村民都加入到了出售用山上的石头做成的艺术品的行列，以致山上的石头被开采过度，破坏了生态平衡，所以政府就禁止村民再对这座山进行开采。于是，这座山被村民分包，他们开始种苹果、鸭梨等水果。这里的水果甜度大、口感好，绿色无污染，大受欢迎，所以贩卖水果的商贩蜂拥而来。这时，这个青年人想到之前总结的经验，觉得如果和大家一起卖水果竞争很大，不一定会赚到钱，于是，他卖掉果树，改种荆条，因为他发现：来这儿的商贩缺少的不是水果，而是盛水果的箩筐。最后，这个青年人成为了村里的第一个百万富翁。

蝴蝶的勇气

有一年，美国人罗杰斯走路经过佐治亚州一处森林，在小路上，他看见路中间有个小水坑，就略微改变一下方向从侧翼

绕过去。就在接近水坑时，他遭到突然袭击！

这次袭击是多么出乎意料！发起进攻的竟是一只蝴蝶，它正凭借优美的翅膀在他面前作空中盘旋，阻止罗杰斯往前走。

罗杰斯觉得很好玩，他居然会遭到一只蝴蝶的攻击，于是他笑了起来。

很快，罗杰斯收住笑，又向前跨了一步。蝴蝶又开始向他俯冲过来，用头和身体撞击他的胸脯，用尽全部力量一遍又一遍地击打他。

罗杰斯再一次退后一步，蝴蝶也再一次延缓了攻击。可是当他试图再次前进的时候，蝴蝶又一次投入战斗，一次又一次地撞击在他的胸脯上，罗杰斯感到莫名其妙，不知道该怎么办才好，只好第三次退后。

不管怎么说，一个人很少碰上被蝴蝶袭击，他退后了好几步，仔细观察了一下"敌情"。蝴蝶也相应后撤，栖息在地上。这时，他才弄明白蝴蝶刚才为什么要袭击他。

这只蝴蝶有个伴侣，就在水坑边上着陆，好像已经不行了。这只蝴蝶待在它身边，翅膀一张一合，好像在给它扇风。

罗杰斯对蝴蝶在关心伴侣时所表现出的爱和勇气深表敬意。尽管这只蝴蝶的伴侣快要死去了，而"敌人"又是那么庞大，但是为了伴侣，这只蝴蝶依然鼓起勇气向"敌人"发起进攻。这只勇敢的蝴蝶这样做，是怕罗杰斯走过时不经意踩到那只快要死亡的蝴蝶，目的是争取给予它尽可能多一点活着的宝贵时光。

罗杰斯总算知道了蝴蝶主动进攻的原因和目的了，于是，他只好小心翼翼地绕过水坑到小路的另一边，顾不得那里只有几寸宽、全是烂泥的路埂，走了过去。

一只小小的蝴蝶，为了伴侣的一丝安宁，敢于向大于自己几千倍的敌人发动进攻，这种勇气感动了罗杰斯。罗杰斯在不远处看着这只蝴蝶和伴侣厮守在一起的最后时光，那种静静

从小小的蝴蝶身上，罗杰斯总结出了一条耐人寻味的启示，并不断用它来激励自己。生活中很多小生命都蕴藏着许多有价值的东西，只是我们忽略了，或没有像罗杰斯那样去总结罢了。

的、不受打扰的温馨在他的心中留下了很深的印象。为了让它们安宁地享受在一起的最后时刻，罗杰斯直到回到车上才清理皮靴上的泥巴。

从那以后，每当面临巨大的压力时，罗杰斯总是想起那只蝴蝶的勇气。他经常用那只蝴蝶的勇猛气概激励自己、提醒自己：美好的东西值得你去抗争。

奇怪的考核

感悟
ganwu

究竟懂得多少不是最重要的，最重要的是我们要学会学习，懂得从同一件事情中总结出不同的结论和看法，这样才能不断提高，获得更多的知识。

有一家公司的技术研发部需要补充一名普通员工和一名经理。消息在报纸上刊登后，报名应聘普通员工的人非常踊跃。

公司把前来应聘的人安排在会议室，分三天做三次考核。

第一次考试，名校毕业的小胡便以99分的好成绩排在第一。一位姓李的女孩以95分的成绩排在第二。

第二次考试试卷一发下来，小胡感到纳闷，试题竟然和第一次的完全一样！一开始他认为发错了试卷。但监考人员一再强调，试卷没有发错。既然试卷没有发错，小胡也懒得去想，自信地把笔一挥，还不到考试规定时间的一半，试卷便填满了。小胡把试卷一交，其他应聘的人也陆陆续续地把试卷交了上去。人人脸上都春风得意，显然，个个都认为自己胜券在握。

第二次考试考分一出来，小胡仍以99分的成绩排在第一。而那位交卷最晚的女孩小李以98分的成绩排在第二。

第三天，准时进行第三次考试。

"这次该不会再拿同样的题目给我们考吧？"进考场前，小胡这样想。

试卷一发下来，考场上顿时开了锅，因为试卷和前两次完全一样！

"请安静，安静！大家听我说，这次考题和前两次一样，

都是公司的安排。公司怎么要求，我们就怎么执行，如果有谁觉得这种考核办法不合理，你可以放下试卷，我们随时放你出考场。"

监考人员把桌子拍得"啪啪"直响。

众人一看招聘人员非常严肃，只好老老实实低下头答卷。

这次考试更省事儿，绝大部分考生和小胡一样，根本用不着看考题，"刷刷刷"就直接把前两次的答案给搬上去了。

不到半个钟头，整个考场都空了。只有那位小李仍托腮拍脑，绞尽脑汁冥思苦想。时而修改，时而补充，直到收卷铃响，才把答卷交了上去。

第三次考分出来，小胡长长舒了一口气。他仍以 99 分的成绩排在第一。不过这次没有独占鳌头。小李这次也以 99 分的好成绩和他并列第一。但小胡一点儿也不担心被她挤下来。

第四天，录用榜一公布，小胡傻眼了：上面只有小李的名字，其他人都落选了。

小胡当时就找到人力资源部办公室，他显得异常激动，理直气壮地质问道："我三次都考了 99 分，为什么不录用我，而录用了前两次考分都低于我的考生呢？你们这种考核公平吗？"

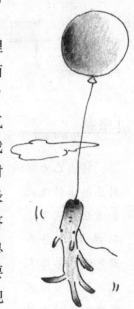

人力资源部负责人笑呵呵地凝视着小胡，直到他心平气和，才开口说话："胡先生，我们的确很欣赏你的考分。但我们公司并没有向外许诺，谁考最高分就录用谁。考分的高低对我们来说的确是录用职员的一个依据，我们正是根据考分来录用员工的。不过，虽然你次次都考了最高分，可惜你每次的答案都一模一样、一成不变。如果我们公司也像你答题一样，总用同一种思维模式去经营，能摆脱被淘汰的命运吗？我们需要的职员不仅要有才华，更应该懂得反思，善于反思、善于发现纰漏的人才能够进步，职员有进步公司才能有发展。我们公司之所以三次用同一张试卷对你们进行考核，不仅仅是考你们的知识，也在考你们的反思能力。因此，你未能被录用。"

叼羊的乌鸦

在一棵大树上住着一只乌鸦，一天，乌鸦看见一只老鹰在天上盘旋了一会儿，突然俯冲下去，叼起一只小羊，飞上蓝天，消失在远方，非常潇洒。

乌鸦看呆了，口里喃喃自语着："这才是男子汉呢。"它希望自己有一天也能像老鹰一样。于是它开始锻炼。这天乌鸦觉得自己练得差不多了，准备也像老鹰一样漂亮地叼起一只羊，然后美美地享受。

它选好目的地后，盘旋在羊群上空，盯上了羊群中最肥美的那只羊。它贪婪地注视着这只羊，冲天而起，它从没像今天飞得这样高，又以从未有过的速度向羊俯冲过去，抓住那只羊，可是它的力量太小了，根本抓不动羊，反而被羊毛缠住，结果落到了牧羊人手里。

列宁的读书方法

列宁是一位伟大的无产阶级革命家，他从小酷爱读书，在紧张的革命斗争生活中，甚至在被捕、流放中仍然手不释卷。

列宁读书的时候，有一个习惯，很喜欢在书页的空白处随手写下内容丰富的评论、注释和心得体会，有时还在书的封面上标出最值得注意的观点或材料。一旦读到具有较高学术价值的著作，他还在书的封面上写下书目索引，特别注明书中的好见解、好素材及具有代表性的错误论断的所在页码。列宁把做批注视为一种创造性劳动，非常认真地加以对待，从不马虎草率。他一般使用铅笔批注，很少用钢笔。他写批注的过程，可以说是与书的作者探讨甚至激烈争论的过程。每当读到精妙的地方，他就批上"非常重要""机智灵活""妙不可言"等，读到谬误处，就批上"废话！""莫名其妙！"等等，有的地方则干脆写上"哦，哦！""嗯，是吗?!""哈哈！""原来如此！"等等。更有价值的是，列宁的重要著作《哲学笔记》就是由在读哲学书籍时写的批注和笔记汇编而成的。它被公认为马克思主义哲学的经典著作之一。

生命中的鹅卵石

一天晚上，一群游牧部落的牧民正准备安营扎寨。休息的时候，忽然被一束耀眼的光芒所笼罩，他们知道神就要出现了。因此，他们殷切地期盼、恭候着来自上苍的重要旨意。

最后，神终于说话了："你们要多捡一些鹅卵石，把它们放在你们的马褡子里。明天晚上，你们会非常快乐，但也会非常懊悔。"说完，神就消失了。

牧民们原本期望神能够给他们带来无尽的财富和健康长寿，但没想到神却吩咐他们做这件毫无意义的事，他们感到非常失望。不管怎样，那毕竟是神的旨意，他们虽然有些不满，但是仍旧各自捡拾了一些鹅卵石，放在他们的马褡子里。

就这样，他们又走了一天。当夜幕降临，他们开始安营扎寨时，忽然发现他们昨天放进马褡子里的每一颗鹅卵石竟然都变成了钻石。他们高兴极了，同时也懊悔极了，后悔没有捡拾更多的鹅卵石。

咀嚼过的苹果不能吃

有一次，某校请来一位哲学家作一次讲座。

讲座中，一个学生站起来请教哲学家："您的智慧令我们佩服，我们要怎样做才能够学会您所有的智慧呢？"

哲学家笑了笑，叫人拿来一个苹果，放到嘴边，大大地咬

在工作中，有许多眼前看似鹅卵石一样的东西被我们毫不经意地丢弃了，然而忽然有一天，当我们急需它的时候，它就变成了钻石，而我们却不得不为以前丢弃它而懊悔不已。在我们的人生旅途中，尽量地多积累和总结那些看似很小的东西，那么有朝一日你可能会拥有一个钻石般的未来。

感悟
ganwu

苹果新鲜而甜美的滋味,是需要由我们自己来品尝与体会的。学习的过程,除了我们自己,没有任何人可以代劳。只有自己不断反省、思考和总结,才会成为自己宝贵的经验。

了一口。哲学家望着台下的学生们,口中不断咀嚼着苹果,一言不发。

过了好一会儿,哲学家才又张开嘴,将口中已经嚼烂的苹果,吐在手掌中。

哲学家伸出手,将已嚼烂的苹果拿到学生们的面前说:"来,把这些吃下去!"

学生们觉得不可思议,惊惶地说:"这……这怎么能吃呢?"

哲学家又笑了笑,说:"我咀嚼过的苹果,你当然知道不能吃;但为什么又想要汲取我的智慧的精华呢?所有的学习,都必须经过你本身亲自去咀嚼……"

成功并不像你想象的那么难

感悟
ganwu

从与成功人士的聊天中,这位韩国学生认真地研究了韩国成功人士的心态,并总结出了一个全新的观点。在学习的过程中,我们也要学会旁听,还要对自己听到的善于作总结,这样才会有更多的新发现。

1965年,一位韩国学生到剑桥大学主修心理学。在喝下午茶的时候,他常到学校的咖啡厅或茶座听一些成功人士聊天。这些成功人士包括诺贝尔奖获得者、某一些领域的学术权威和一些创造了经济神话的人,这些人幽默风趣,举重若轻,把自己的成功都看得非常自然和顺理成章。时间长了,他发现,在国内时,他被一些成功人士欺骗了。那些人为了让正在创业的人知难而退,普遍把自己创业的艰辛夸大了,也就是说,他们在用自己的成功经历吓唬那些还没有取得成功的人。

作为心理系的学生,他认为很有必要对韩国成功人士的心态加以研究。1970年,他把《成功并不像你想象的那么难》作为毕业论文,提交给现代经济心理学的创始人威尔·布雷登教授。布雷登教授读后,大为惊喜,他认为这是个新发现,这种现象虽然在东方甚至世界各地普遍存在,但此前还没有一个人大胆地提出来并加以研究。惊喜之余,他写信给他的剑桥校友——当时正坐在韩国政坛第二把交椅上的人——朴正熙。他在信中说："我不敢说这部著作对你有多大的帮助，但我敢肯定它比你的任何一个政令都能产生震动。"

这本书果然伴随着韩国的经济起飞了。后来，这位青年成了韩国泛业汽车公司的总裁。

·摔倒了赶快爬起来·

大作家沈从文曾给自己的表侄——大画家黄永玉几条人生忠告，其中有一条就是：摔倒了赶快爬起来，不要欣赏你砸的那个坑。

为什么这样说呢？第一，已经摔倒了，只要能记住这次摔跟斗的教训就行了，再继续欣赏这个坑，自怨自艾显然于事无补，相反还会把心情搞坏了；第二，这种欣赏会耽误以后的路程，而且由于心情不好和注意力不集中，再摔跟斗的概率反而会更大。

·第 7 个应聘者·

某著名大公司招聘职业经理人，应者云集，其中不乏高学历、多证书、有相关工作经验的人。经过初试、笔试等 4 轮淘汰后，只剩下 6 个应聘者，但公司最终只选择一人作为经理。所以，第 5 轮将由老板亲自面试。看来，接下来的角逐将会更加激烈。

可是当面试开始时，主考官却发现考场上多出了一个人，出现了 7 个考生，于是就问道："有不是来参加面试的人吗？"这时，坐在最后面的一个男子站起身说："先生，我第 1 轮就被淘汰了，但我想参加一下面试。"

人们听到他这么讲，都笑了，就连站在门口为人们倒水的那个老头子也忍俊不禁。主考官不以为然地问："你连考试第

摔跟斗、犯错误并不可怕，可怕的是驻足于我们砸的那个坑前，忘记了前行或不敢向前。我们应该吸取教训，总结经验，再度向前，才会有更多的收获。

一关都过不了，又有什么必要来参加这次面试呢?"这位男子说:"因为我掌握了别人没有的财富，我自己本人即是一大财富。"大家又一次哈哈大笑，都认为这个人不是头脑有毛病，就是狂妄自大。

这个男子说:"我虽然只是本科毕业，只有中级职称，可是我却有着10年的工作经验，曾在12家公司任过职……"这时主考官马上插话说:"虽然你的学历和职称都不高，但工作10年倒是很不错，不过你却先后跳槽12家公司，这可不是一种令人欣赏的行为。"

男子说:"先生，我没有跳槽，而是那12家公司先后倒闭了。"在场的人第三次笑了。一个考生说:"你真是一个地地道道的失败者!"男子也笑了:"不，这不是我的失败，而是那些公司的失败。这些失败积累成我自己的财富。"

这时，站在门口的老头子走上前，给主考官倒茶。男子继续说:"我很了解那12家公司，我曾与同事努力挽救它们，虽然不成功，但我知道错误与失败的每一个细节，并从中学到了许多东西，这是其他人所学不到的。很多人只是追求成功，而我，更有经验避免错误与失败!"

男子停顿了一会儿，接着说:"我深知，成功的经验大抵相似，容易模仿;而失败的原因各有不同。用10年学习成功经验，不如用同样的时间经历错误与失败，所学的东西会更多、更深刻;别人的成功经历很难成为我们的财富，但别人的失败过程却是!"

男子离开座位，作出转身出门的样子，又忽然回过头说:"这10年经历的12家公司，培养、锻炼了我对人、对事、对未来的敏锐洞察力，举个小例子吧——真正的考官，不是您，而是这位倒茶的老人……"

在场所有人都感到惊愕，目光转而注视着倒茶的老头。那老头诧异之际，很快恢复了镇静，随后笑了:"很好!你被录

感悟 ganwu

第7个应聘者之所以能被录取，就在于他善于在工作中抓细节，并不断地总结出新的经验，这也就把他从平庸的人群中分离出来了。

取了，但我想知道——你是如何知道这一切的？"

老头的言语表明他确实是这家大公司的老板。这次轮到这位考生笑了。

这位考生能够从倒茶水的老头的眼神、气度、举止等，看出他是这家公司的老板，说明他是一个观察力很强的人。这种洞察入微的功夫不是一朝一夕能够练就的，而是需要长期的积累，在注重对每一个细节的观察中不断地训练和提高。

约翰太太和动物行为学

约翰太太养了一群鸡鸭。那年，一窝鸡蛋孵到只剩两天就要出壳，母鸡却意外身亡。约翰太太没办法只好把鸡蛋移至灶头人工孵化。在约翰太太将新母鸡物色好之前，有4只性急的鸡崽先出壳了。这4只小鸡出世的第一眼看到了约翰太太，它们认错了妈妈，在此后的日子里总是跟在约翰太太的身前脚后，而对"继母"感情淡薄。后来，这4只小鸡崽因为缺少母鸡的庇护先后夭折。

在此之前，约翰太太及她的前辈们就明白一个道理：小鸡小鸭总是把它出生后看到的第一个在眼前晃动的物体当做妈妈，而且以后很难改变。

在约翰太太孵鸡的同时，万里之遥的奥地利，一位名叫洛伦兹的小伙子正在观察一群小动物。洛伦兹从医学院毕业后回到了位于奥地利北部的家乡，承续祖业行医疗病，同时从事动物学研究。1935年春天，洛伦兹偶然发现一只刚出世的小鹅总是追随自己，几经分析排除，他推测这是因为这只小鹅出世后第一眼看见的是人，所以把人当做了它的母亲。进一步的实验证实了这一推测。继而，洛伦兹总结出"铭记现象"，又称"认母现象"，并提出动物行为模式理论，认为大多数动物在生命的开始阶段，都会无须强化而本能地形成一种行为模式，且这种模式一旦形成就极难改变。这一理论成为后来"狼孩"研究中最站得住脚的答案之一。如今我们生活中正着力推广的"母婴同室""早期教育"（也叫关键期教育）都源于这一理论。洛伦兹借此成为现代动物行为学的创始人，并于1953年获得诺贝尔医学生理学奖。

约翰太太在洛伦兹之前就知道鸡鸭有这种被称为"认母行为"的现象，但她不能将此推广至所有的动物，更不能提出一套理论，建立一门学科，所以她与诺贝尔奖无缘，尽管约翰太太与1953年的诺贝尔医学生理学奖如此的近。

感悟
ganwu

多干些工作虽然累点，但如果我们能从那多干的工作中总结出一些方法和经验，我们也就获得了更多提升自己的机会。

多干一点儿

小张刚到一家公司上班的时候，很多人都对他呼来唤去。让他一会儿干这，一会儿干那，有的不属于自己的本职工作，还有的甚至是帮同事冲咖啡之类的。小张为此很窝火，想不通自己凭什么要多干这么多。

一天，下班回来后，小张和爷爷聊起在公司的遭遇，爷爷听后安慰他说："孩子，你要知道，孙悟空才出道的时候，连野猴子都可以欺负他。而且，你多做了一些工作，工作也肯定会给你回报的。这好比用锯子锯木头，只要肯锯，总会不断地产生木屑……"

小张听后慢慢领悟到：一个新人要想站稳脚跟，就必须多做事，跟在前辈后面认真地学习。于是他对于多干的工作再无怨言，总是勤勤恳恳地做，而且在工作中领悟了很多诀窍。渐渐地，他成为办公室里最能干的技术人员，不管走到哪个部门，都受到同事们的欢迎。

一个慷慨的人

迈克如今已经成为美国报界的名家，他取得这样的成绩是深受福特的启迪。

迈克开始时是纽约一家小报的普通记者。一个周末，他在一家不大的酒店里看见几位身份显赫的企业家从一个房间里走出，其中一位是福特。福特手里拿着一张菜单走向服务员微笑道："小伙子，你看看是不是有一点儿误差。"

服务员很自信地回答："没啊。"

"你再仔细算一算。"福特宴请的几位企业家已朝门口走去，他却很有耐心地站在柜台前。

服务员只好重新算了一遍，然后他不以为然道："是的，因为零钱准备得很少，我多收了您50美分，但我认为像您这样富有的人是不会在意的。"

"恰恰相反，我非常在意。"福特坚决地纠正道。

服务员只得低头花了一番工夫，凑够了50美分，递到一脸坦然的福特手中。

看着福特快步离去的背影，年轻的服务员低声嘀咕道："真是小气，连50美分也这么看重。"

这一切都被迈克看在眼里了，他走到服务员的身旁说："小伙子，你说错了。他绝对是一个慷慨的人，他刚刚向慈善机构一次捐出5 000万美元的善款。"迈克拿出一张两周前的报纸，将上面的一则报道指给服务员看。

但服务员还是不明白如此大方的福特，为何还要当着那么多朋友的面，去计较那区区的50美分。

看到服务员还是一脸的疑惑，迈克说道："他懂得认真地对待属于自己的每一分钱，懂得取回属于自己的50美分和慷慨捐赠出5 000万美元，是同样值得重视的。"

后来，经过多年艰苦的打拼，迈克终于在报界取得了很大的成功，而那位服务员也因此受启发，经过不断的努力，成了芝加哥一家五星级酒店的老板。

没有理由不认真对待眼前的每一件事，无论它表面上看起来多么重大还是多么微小，对我们未来的影响都可能非常巨大。很多大人物正是从关注小事情开始使自己逐渐步入成功者的行列的。小事中往往蕴藏着"珠宝"，我们应善于总结，完善自己的人生。

教师免费样书申请

感谢各位教师和学生使用北京教育出版社出版的系列丛书。为进一步提高我社图书质量，敬请教师和学生完整填写下列信息，我社将因此向教师提供一本免费样书（请您提供教师资格证或工作证复印件）。本表可在本社官方网站www.bjkgedu.com上下载，复制有效，可传真、邮寄，亦可发e-mail。

姓　　名		学校名称		邮　　箱	
电　　话		学校地址		邮　　编	
授课科目		所用教材		学生人数	
通过何种渠道知道本书	学校推荐 □　网站宣传 □　书店推荐 □　海报宣传 □　学生使用 □				
选择本书您首先考虑	出版社品牌 □　体例新颖 □　内容使用性强 □　装帧美观 □　其他 □				
您认为本书有何优点？					
您认为本书有何不足？					
常销系列图书	《168个故事系列》------------------------------				

注：您申请的样书须与您讲授的课程相关。

诚 征 优 秀 书 稿

北京教育出版社成立于1983年，凭借对教育、教学改革的敏锐把握，依靠经验丰富的教师团队，成功推出了《1+1轻巧夺冠》《课本大讲解》《提分教练》等系列丛书。为了与时俱进，不断创新，打造更实用、更完美的优质教育图书，现诚邀全国中小学名师加盟，诚征中小学优秀教育类书稿。凡加盟者可享受如下待遇：1.稿费从优，结算及时；2."北教社"颁发相关荣誉证书；3.参编者将免费获得"北教社"提供的图书资料和培训机会。

随 书 资 源 下 载

北京教育出版社的图书所附赠的英语听力资料或其他随书资源，均会及时刊登在本社官方网站www.bjkgedu.com上，读者可以上网下载。下载方法如下：在网站免费注册后，登陆"下载中心"频道的"随书资源"区，选择下载所需的随书资源即可。所有随书资源均需凭密码下载，下载密码为图书ISBN号的最后5位数字（注：ISBN号一般印在图书封底条码上方）。

请在信封上或邮件中注明"样书申请"或"应聘作者"。

来信请寄：北京市北三环中路6号11层　北京教育出版社总编室
邮编：100120　网址：www.bjkgedu.com　邮箱：bjszbs@126.com
电话：010-58572817（小学）　58572525（初中）　58572332（高中）

后 记

本丛书在编写过程中，参阅了大量的期刊和著述，吸取了很多思想的精华。但由于各种原因，编者未能及时与部分入选故事的作者取得联系，在此致以诚挚的歉意，恳请作者原谅。敬请故事的原作者（译者）见到本书后，及时与我们联系，我们将支付为您留备的稿酬及寄去样书。

同时，提请广大读者注意的是，本书题名中"168个故事"只是概数，实际故事数量并不以此为限，特此声明。

地址：北京市北三环中路6号北京教育出版社

电话：010-62698883

邮编：100120